許介文 著

可恥但有救

讓魯蛇閃閃發光的轉型大補帖

卷頭詞

歸鄉物語：鄉思未曾閒的三十書簡

去國多年才領悟
一種　傳說中的愛戀
叫做　鄉思已是未曾閒。

這種情愫，不同於男歡女愛。
是經常　刻意忘記，
卻又時常　不經意想起；
是不用　時時刻刻掛成嘴砲，
或是　化身鍵盤英雄　做宣示，
來　暮暮朝朝　掛保證地。

是二十年來的　國事蜩螗，
也未曾　錯把異鄉當故鄉；
是在慈母的祖國　一有需要，
就會化身飛蛾　想要撲向妳。

是想家時　就執筆，
寫詩投書文字叨絮
化鄉情成　隻字片語：

台美觀點，教育就業，
弱勢關注，多元尊重，
國際競爭，公民參與……
一個旅居美國東西兩岸多年
來自台灣的教育工作者，分享生活在新大陸兩岸三地

兩個文化之間
花落去　燕歸來的
呢喃未已。

推薦序

孤星懷鄉，綻放光芒

郭健二

介文是我在台南二中導師班的導生。他服完兵役後才繼續升學。畢業之後，即到美國進修，之後在美國擔任教職十餘年。對國內外教育問題及社會現象，有獨到深刻的瞭解。

他回家鄉任教後即與我聯絡，並主動聯繫昔日同學，開了幾次高中同學會，顯示他是一位相當熱心與念舊的人。

不論在台灣，以至於後來到美國求學過程，他一直靠著自己一路工讀，自立自強。曾嘗試過各種不同的工作，包括送報、送瓦斯、盲人院舍監、立法院法案助理，最後還協助姊姊赴美，也步上留學之路。

介文的升學歷程，並非一路順暢，從高中升大學，曾被大學聯考拒絕多次；直至留學獲得博士學位，都經歷層層崎嶇之途。他皆能逐一克服，達成目標。

英雄不怕出身低。他的精神，可做為年輕人的參考。也因為他不同的生活歷練，對不管是人生道路順遂，或來自弱勢家庭的讀者，應該有特別的啟示。

太陽花學運活動期間，許教授特地從美國加州半夜飛了十幾個小時返台，用影像來紀實當時這段歷史，期間演說、擔任國際媒體翻譯，在台灣僅短暫停留三十小時，即飛返美國。現在回台南為國際教育服務，在國內外發表文章，提倡台灣在地的國際觀。他關懷故鄉之情，可見一斑！

這本書介紹他長期以來，在台灣、在美國生活及職場的經歷。顯示他不斷努力奮鬥，力求上進的精神，與關懷台灣社會的心境。本書以他生活在台美生活的經驗，佐以實例來說明，信手拈來，真摯深刻。

相信介文這本在國外求學、工作的心得，對於有志國外留學，與想在國外求職的青年們，或是關心國內教改，台灣的就業競爭力與世界觀者，當會有所裨益！

台南女中　國文科教師　郭健二

推薦序

一道照亮台灣的光：建興製造

楊志鴻

「一朝當老二，是為了來日當老大」。介文同學與我有相同的求學經驗，因為我們都曾在那個高中聯考第一志願，大學聯考只有百分之十錄取率，高壓的升學年代失敗過（其實只是沒有考上所謂的第一志願而已）。然後，因緣際會下，我又恰好來到他的國中母校——台南市建興國中任教。

建興的校門口豎立著燈箱標語，上面寫著：「孕育台灣之光」。沒錯，這所國中就是曾在美國大聯盟發光發熱的球星王建民、郭泓志及胡金龍等人的母校；而這些發光的建興人，台灣人，都自己闖出一片天，都不是像建興以升學見長。當然，在學界、醫界及各行業裡，也都有眾多優秀傑出的畢業校友，在為台灣努力地做出貢獻。特別喜歡書中那則：「若是一朝有機會當上了老大，不持續的努力，也許來日會變成老二」的老許掃落葉的故事。所以雖然目前我的任教對象，是如此地聰穎有天賦；他們的未來沒有意外的話，是不太有機會當事業表現的老二的，但是我仍然非常想要和他們分享我這個麻吉同學的人生故事。

國中任教已逾二十多載，期間經歷了聯招轉基測、基測轉會考的升學制度變革，搭著飛機南來北往地宣揚九年一貫的教改理念與解決策略，再到近年的十二年國教免試入學，從充滿期待到受到傷害，我見證了台灣教育制度的紛擾，也著實體會到了諸多教育工作者的無奈與家長望子成龍成鳳的心酸。然而，「教育」就是這麼一回事，人人都是專家，也沒有所謂的專家。所以，值得一再提醒學生們的，是如書中所言：「沒傘的孩子，要懂得快跑」、「勇敢努力地面對，讓自己內心強大最重要」、「即使是魯蛇，也是要做好做滿」等充滿激勵人心的奮鬥哲學與經驗。

身為人父，孩子們也正面臨升學的壓力與想要選擇國外求學的挑戰，我會推薦他們務必看完本書，點亮自己內心的火，進而照亮台灣！

台南市建興國中資優班教師 楊志鴻

自序

返鄉點亮　台灣之光

旅外二十年，近兩年很特別。台美之間，各自歷經了多事之秋。我個人也決定結束旅居海外生涯，返鄉陪親人，回國服務。在此時局更迭，社會轉型之際，特以此書作為生命註記。

有人說，人生成功的秘訣，在於篤志力行，趕快行動。自旅美以來，醞釀多年，想要啟動這個寫作模式。可惜那時候還沒有足夠的人生歷練，與旺盛的生命能量可以分享，也沒有很強的動機為文。因此，出版計畫一再延宕。

然而，真正的原因，其實是那個刻意忘懷，卻每每在夜半時分，不禁撩起的塵封記憶：

是房間裡的那隻大象。

是祖國台灣。

說故鄉啊，太沉重。

這個家鄉，有我人生早期顛簸的來時路。以及一段，幾乎被台灣升學制度所否定，完全魯蛇的過往。還有台灣與中國，在歷史上，宿命難解的糾結。於是，眼看著短期內，還不能「消滅萬惡共匪」：我轉而加入台僑前輩們，明哲保身的行列。暫時委身於西方社會，用時間來換取空間。早晚要「以三民主義統一中國」的呀。服役時任教育班長的我，曾經這樣狠狠地牢記著。也教新兵、大專寒暑訓學生們，早、晚，這麼複誦。

人生的球賽，如今來到後半場。累積了人生歷練，有了面對處理過往的智慧。近年來時局變換，也願意相信、並回國來參與，改變的可能。

完成本書的機緣，是來自於年前，與僑委會及宏觀電視的「海外華人奮鬥故事」節目，分享了旅美事業的心得；具體地整理了半個人生，在海外的生涯經驗。在訪談裡被介紹為台灣之光[1]。於是我內心OS：假如我是真的呢？雖

1〈臺灣之光許介文 預防醫學貢獻多〉http://activity.pts.org.tw/MVTV/ProgramC/Template1B_Content.aspx?PNum=711&CNum=2626

然這個頭銜異常沉重，也不能定義我所追尋的價值。只好試著理解這個敬語，為延續前輩的光芒，為台灣帶來光明的概念。近年來，「台灣之光」這個封神等級的溢美圖騰，動輒被濫用。所以，我決定給這個舊時代、造神的名詞，賦予新意。於是，擴充日前訪問的內容，整理了近年來在西方社會的觀察與演講；並集錄翻譯了自旅美以來，散見於國內外與台灣相關的文章，於此分享。

本書歷經三年時間寫作，於美國德州、加州，及台南，以將近七萬字完成。台灣之光，於是羽化為一個海外遊子尋找光源，來點燈、照亮祖國台灣的概念。

點燈的光

本書介紹一位來自台灣的國際人，在理想與現實之間的磨合，對祖國台灣的繾眷，以及對教育改革，弱勢，就業競爭力，國際化以及公民社會的新思維。這裡也描述了我如何由一個在台灣升學制度下屢敗屢戰的魯蛇（loser），學習重新出發，點燈前行。

藉由這本書，也嘗試分享比較東西方文化，不同於傳統的經驗和觀點。半生旅美，我的生命歷程有一半各受到東方智慧，和西方文明的聯合洗禮。因此，本書也節錄一些我翻譯的英文文章。試著反映這個複合的歷練，匯集東西方文化所淬礪的思考，比較的觀點。

光照亮點

本書可能特別有幫助的讀者，包括對就業競爭力，海外生活，國外教育、國際化有興趣的人士；教育界同仁，尤其是關注弱勢學生、高教改革、社會議題者；青年朋友，學生，特別是家中第一代上大學的；以及退伍軍人，重返校園的學生。

其中，尤其希望本書可以幫助到有特殊需要幫助的人。特別是如我在台求學時，非典型，非傳統學習歷程的過往。

感念我自退伍後，入大學而因受教育而改變的人生以及提升的生涯機會，所以我過去十幾年來一直投身教育工作。在美國大學研究所裡服務，曾教過很多不同背景的學生，包括中高階主管，現役及退伍軍人，和國際學生。之中有些和我一樣，服完兵役才念大學；也有許多和我一樣是家中第一代上大學，半工半讀完成高等教育者。這些學生，可能在求學和人生境遇裡會面臨一些特別的挑戰。如非親歷，並非所有人都能提供最適用的建議。所以本書特別為這些學生所寫。希望透過本書，能實踐法學教育所期許的「幫助沒有機會，沒有舞台可發聲者發聲」（provide a voice for the voiceless）

另外一類可能有所幫助的讀者，是不被台灣教育制度所喜，甚至與其格格不入的魯蛇。

受到早年失學所苦，我出國念了四個研究所學位。花了四年的時間，我在美國念完了兩個碩士，完成博士學位，發表論文在統計期刊。也是四年時間。當年在台灣受教育，卻是跌跌撞撞的魯蛇一枚：大學聯考考了四年，屢敗屢戰，從社會組考到自然組，最後考上了成功嶺大學附設士官隊深造，帶兵兩年爾後才上大學。大學新生訓練之後，正好接著趕上高中同學的大學畢業典禮。

往事歷歷在目，雖不能重來，但生命球賽的上半場，媒體所推崇的台灣之光，光環障蔽下諸多失敗的寶貴經驗，也藉由此書分享度過魯蛇沉潛的擲步，以點燈帶路。

除了在大學教書，在台美期間我也經常受邀到政府部門，大學社團及社區演講。本書是一個自許的公共知識分子，在課堂上的教學之餘，走入社區，普及教育的延伸。

由於台灣這幾年來幾經社會結構急遽轉型，過程中常會少了笑容，多了緊繃。希望藉著本書，帶來積極正面的能量。

最後，期望本書不止對國內讀者有正面的影響，也希望鼓舞和我一樣，對台灣有所觸動的海外台僑適時回來，幫助祖國台灣發展。考慮一起返鄉點燈，帶來正向的改變。

致謝

此書是與文藝家族前輩的傳承延伸。裡面除了有我的文章以外，也邀請教導過我中文的郭健二老師贈推薦序文。這是實現一個飲水思源、薪傳的概念。在文學創作及本土意識的路上受郭老師的啟蒙甚多，特此致謝。

這本著作也是文青家族的合集：有姐姐虹文代寫的跋，和三叔國雄製作的電腦圖像。紙短情長，文字堆砌有時盡，親情綿延無時窮。成年之後，與原生家庭的家人們分居國內外，聚少離多；經由本書出版，我們家族也因此機會，藉由文創，虛擬地團聚。

最後，也將此書獻給我在天上的母親。感謝妳一路尊重支持我，走一條從小就屬於左撇子的，常會與制度掣肘的，人煙稀少的路。謹以此書，所能為任何人帶來的幫助，呈獻給先母。代表曾在異域奮鬥的後生晚輩，緬懷與追念。

許介文，二〇一五年八月
返台前於美國德州聖安東尼市

鑼聲那響起
歸鄉登板時

目次

弱勢關懷

教育改革

台灣的競爭力與國際觀

公民社會與民主法治

前言

近年來，轉型中的台灣社會很浮躁。
食安風暴，公義崩壞，國際觀，競爭力驟降。

在年輕人衝進立法院後，
鄭捷捷運事件，小燈泡的悲劇，
所浮現的只是冰山一角。
卻在在顯示出，
我們的社會疲憊、教育生病了：

社會邊緣人面對高失業，高房價，

低薪資，貧富差距加大；
把對社會的絕望，失望
轉移到藥物、酒精、電子用品濫用或依賴，
甚至到加害別人及家庭上。

教改的第一要務絕不在撒錢，
衝自以為是的頂尖，搞島民視野的卓越；

教改要全力救起社會的弱勢、邊緣人。多關心學生，
逆轉教師們不重視教育質量，
光比評鑑，拼菁英，爭排名，
搞期刊掛名的歪風陋習。

台灣之光，並非the pride of taiwan。
是不是台灣的驕傲，並不重要，

Luminando Isla Formosa，是個照亮台灣的概念。
台灣需要光，回來點即亮。

作者旅美二十年，服務於台美高等教育累積的經驗，
為台灣的社會改革把脈，提建言。

教育改革
弱勢團體
國際觀與競爭力
公民參與
民主法治

台灣之光
亟待好國好民將其點亮。

台學為體，西學為用：海外華人奮鬥故事訪談

以往在台灣時常聽聞哪位聯考制度下的魯蛇，
在出國沾了洋墨水後，突然打開了任督二脈，愕然民智大開。
親身在國外經歷後才知這些能在國外吸收養份發光發熱的「臺灣之光」，只有留在國外的環境與機緣下才能繼續保有此殊榮，回台後大都被現實同化妥協了。
本單元介紹的是，是否國外的月亮較圓，以及出國學什麼？

第一章

海外甘苦和適應，人生不一Young

在僑居地定居時間，和留下來的原因

我是台南府城人，也是旅美的國際人士。僑居美國期間，只持有一本台灣護照。

我在九〇年代來美念研究所。除了念博士班前回台北，在立法院工作一年以外，其他時間都在美國求學，和在大學教書。轉眼間二十年的時光就過去了。

在美國留下來工作有兩個主要原因：第一是我的個性適合在國外發展，第二是想要學有所成，日後有機會可以幫助台灣。

選擇留在美國發展，是個性使然，也是機會。

美國這裡比較適合我這種用右腦思考的左撇子，和容納我這類不墨守成規的個性。我的個性傾向自由派，崇尚言論表達，無所約束。在美國這個自由的國度，感覺如魚得水。

在這個國度裡，大部分時間場合不需要比較身分背景，不靠關係，禮數；只要比別人更努力，就有機會實現美國夢。

在這個社會，不必賺很多錢，也可以享受不錯的生活品質。生活簡單不擁擠。這裡綠地多，呼吸自由新鮮空氣，和吃安全食品，是每天實現的基本人權，不是奢求。

所以，我選擇在美國工作生活。希望祖國台灣，有一天也擁有許多這些吸引人的特色。

我有幸是家族裡第一代有機會上大學者。當兵時放假出來考上大學，讀大學四年期間半工半讀，在校期間送過早報，在新莊盲人重建院住宿服務，直到畢業。

當初提了兩只皮箱就來美國，在美國沒有認識任何親友的情形下，自己隻身到德州大學休士頓來唸醫務管理。我很幸運念研究所時得到研究助理獎學金，學校工作支付醫療保險；生活費有結餘，還可以寄錢回家，和幫助家人來美國完成學業。因德州大學學費便宜，在念博士班時順便念了一個醫療資訊碩士。在美國的歲月裡，我花了七年的時間，一路半工半讀地，為了興趣而念書，優游於自然、社會，法律、和醫學的學海裡，如入無人之境，完成了四個研究所的學位。在德州大學，馬里蘭大學教書了十五年，幾年前順利升上正教授，這幾年教美軍和退伍軍人的大學部及研究所的管理課程。感謝台美兩個社會所給予的教育和工作機會。

出國來唸書，也希望學成後，能幫台灣做點事。我大學時在輔大學公衛，出國先到德州大學念醫療管理。當年，台灣剛實施全民健保，美國柯林頓剛選上總統時，也以全民健保當作競選的主要政見，雖然後來美國健保制度，因為沒有受到國會支持而停擺。後來，念書和教書的重點，也都圍繞在健保相關的領域，比如說醫管資管，政策法律等等。一九九六年台灣健保法修法，回台北工作時，在立法院擔任法案助理，更加深刻了解法律和健保政策，對全民的影響。

另外，我發現從台灣訓練出來的人才，能夠為台灣在國際發聲的人並不多，比如說幫助每年推動的，加入聯合國世界衛生組織的活動。我一直在學業和教育事業做這方面的準備。時光荏苒，幾經政黨更迭，但年少時期帶救國團當過「迷你國民外交官」的經驗，介紹台灣給世界看見的心意，依然不變。大學時代帶過暑期海外營隊，十幾年來在美國大學教書，有法學訓練，希望有機會能為台灣做些國際工作。

初到僑居地的適應

剛來時，適應了約半年時間。在工作中，主要學習專業，守時，語言，和做事方式。文化上，學習到要自信，樂觀，守法，和一切要靠自己。語言上，學到尊重的表達，瞭解各州方言和口音。做事方式，學習到西方人的積極主動，合作，以及正向思考。

我很幸運，剛到美國讀書時就能在學校工作。做的業務裡，有些是屬於研究技術性質的，例如整理文獻探討；但有些很基層，勞務的工作。比如說，要負責辦公室裡一早煮咖啡，影印資料，和接學校總機電話的工作。這部分可能是美國同學不特別喜歡做的勞力工作。

於是，我漸漸學會了正向思考，把吃苦當吃補。平常上課學習的Epidemiology（流行病學），下了課回到工作就想，怎樣把咖啡煮得更好更香濃的Coffee-ology，影印資料的速度更快，解析度更高的Copy-ology。我也發展了自己的生活小常識，自創學門Coffee-ology及Copy-ology。

接學校總機電話的工作，幫助我了解了美國南方人所用的口音和腔調，也讓我有機會向美國朋友好好介紹自己的姓：許Hsu不是念西班牙名字Jesus的「和書」，是念成「旭」，拼字是H.S.U.，（像在High School University），所以，'she' is a he。

我從這些早期在美國的工作裡，所學到的兩個人生的道理。第一，不要因為工作是瑣事就不好好做。很多日後成大事的人，都是從把小事情做好開始。因為這些工作和小事情會幫助你過度到你想要到達的目標，辛苦必有他的原因和目地，也許以後工作或生活上可以用到的。這些經驗，比如說，整理檔案和接總機電話，幫助我完成論文，與國際同學競選學生會代表。

另外，感悟到人生受苦難的總和，必定有一定的份量。年輕時較有條件吃苦，早日把苦受完，他日就會早日苦盡甘來。雖然人生前半段有些小辛苦，但與上一輩大半生為子女辛苦的犧牲，我們這輩所受的挫折和挑戰，其實並不算什麼。

凡事正向思考。專心在主要目標，其他的過渡時期過程的障礙，所出現的干擾，只是用來試煉決心。而這些很可能會增添日後成功時，良善的回憶。

克服剛來時的不適應

我的做法是培養興趣，例如寫文章，抒發情感；平時有跑步的習慣，每年生日跑馬拉松，慶祝生命美好。另外我在念研究所時做教科書翻譯，寫教科書章節。此外，就是融入當地的社群和生活。

儘量和僑居地的當地人相處，不只關心自己華人的小圈子。認識背景相類似的朋友。我有很多美國退伍軍人的同學，黑人、和其他少數民族的朋友。

加入自治組織。為了瞭解美國社會運作，我很早就加入學生自治會活動。念博班時，經常看到騎腳踏車上學的學生，與汽車爭道，有些還因此被撞傷。為了讓學校附近道路，加畫上腳踏車路線，保護讓騎腳踏車的同學優先，我和美國同學競選學生會的代表，發表政見來爭取選票，當選學生代表後，在校務會議提案，讓學校支持市政府修市規（city Ordinance），在校園外道路劃上腳踏車道。藉著擔任幹部，也讓我多了解這個社會的議事運作。

為了改善英文表達，以及了解美國人的生活，我固定時間參加國際演講會Toastmasters International（TI）。完成了十幾個演講訓練，對用英文口語溝通和作簡報很有幫助。這個協會在世界各國都有分會辦活動，包括在台灣。會費便宜，效益不小。

我在國外基本上適應得很好，快樂得不得了。以前在國內服役帶兵，念大學在救國團當輔導員，帶了四年暑期的美加青年的返台研習營，這些對適應國外生活的幫助很大。

克服不適應有一個很重要的觀念，就是要常常回首來時路，勿忘初衷。念書很煩，跑步很累，但時時心繫原先初始的起點，會幫助你堅持下去，完成賽事。念書是為了幫助自己的國家社會，跑步是為了慶祝生命美好紀念先人，再煩再累都值得堅持。

二〇一四年七月於加州舊金山

第二章

海外事業守成撇步

海外事業現況

工作和事業不同。工作只是事情需要有人做，要有人消化工作項目，是暫時的；事業是你可以長久投資的，雇主也會投資在你身上，是個成家養家的就業選擇。

我選擇的教育事業，受到自己因受教育而改變的人生有很大的影響。人生貴在有選項。所以我花費了十二年的時間追求一個穩定的教育事業，升等教授。建立了事業之後，我又回到做半職工作的自由。

我的決定，主要受到以前在國內工作的影響很深。我以前上大學時送早報，在外面颳風下雨時，拎著報袋，沿路送報，總擔心報紙淋濕了，自己要賠錢。所以我很早就有一個想法，希望以後有個工作，在室內，最好是在家裡上班。不用擔心外面颳風下雨，周末可以不用上班，可以陪家人。

後來，終於實現了這個偉大的夢想了！之前在馬里蘭大學教遠距教學。指導美軍退伍軍人研究所和大學課程，一年教八門課。我用3D模擬來輔助教學。這行飯並不是每個人都能吃的。但我選擇這個工作，對我是最好的，最合適的。我自由選擇自己的工作行業，可以在家工作寫書，幫助需要幫助的軍人學生，享受加州太平洋濱的好山好水。

我在馬里蘭大學，接受美國政府補助，完成了第一個美東台灣人社區健康調查。這個調查結果，讓美國政府可以依據研究的數據及建議，撥款給亞裔及台灣人社區改善健康。

美國職場的經驗讓我學習到，希望以後自己過怎樣理想中的生活，就要靠自己努力去追尋創造。而最佳出發開始的時間點，就是現在。

海外事業初期遇到和克服的障礙

學術事業剛開始時的障礙有分內外在障礙：

外在障礙是來自全世界的競爭。美國學界研發的職位待遇高，但相對的，也有來自全世界一百多個國家的競爭壓力。後面幾篇文章有專文討論教育和就業的觀察。簡短說明，我的應對策略是：

剛出社會，剛開始需要工作經驗，要降低期待，不要去計較待遇薪資福利，也不要和老闆要求這些那些條件；先拿到工作先卡位，在工作中再努力表現，爭取調薪或跳槽的機會。

其次，要了解、並充分開發自己的競爭優勢。最好要有不只一項的專業。比如說傳統上，醫務管理是醫生管醫院的市場。這個領域，學生要學習一些醫生不一定擅長的管理專業，比如說資訊，統計，法規，寫研究論文，和經濟學。不懂得這些管理專業的醫務人員，就會來請教你，你就有機會可以靠自己的專業素養，建立專業的威信。

內在障礙通常是自己的弱點，像是文化語言障礙，獨處，及找到一個工作的夥伴和良師益友（mentor）。正向思考很重要。積極正面，有機會就要去爭取嘗試。

學會和自己獨處。適應自己獨處，但不會寂寞。就是英文所說"alone, but not lonely"。

要找到工作上可以做為榜樣，給你建議改善的良師益友，在美國的工作上很多是是團隊合作，最好要找到可以一起工作得來的，屬於同溫層的（like-minded）同事及團隊。

海外事業與台灣的異同

管理方面，美國學術比較自由，工作不用打卡。授課的比重較低，管理較透明；較沒有學校畢業校友的派系，有工會組織保障工作權。教師有權選擇罷工，來爭取自己的福利。

職場文化來說，美國這裡比較自由、正面、有彈性。鼓勵終身教育，隨時都可以回學校進修。我所念的幾個研究所學位都是一面全職（Fulltime Equivalent, FTE）工作，一面修習完成的。

與國內學界不同的，美國這裡重視授課的教學評鑑，納入續聘的標準。研究經費也比較專款專用。另外一點，這裡升遷衡量成就，不要求發表在SCI/SSCI排名或其他影響係數較高的刊物。因為這些只是眾多的，商業建構的期刊指標之一。學術成就只要自行舉證，所刊登期刊的學術公信力。這讓教授可以專心學術，不用互相競爭比較，或是把心思，浪費在衡量發表在某項排名的刊物。

海外事業與台灣的連結

我的專長是學術研究，教學領域在公衛資訊，電腦模擬疾病分布趨勢。之前在東岸研究亞美人包含台裔美人健康狀況，在美東作第一個台灣人社區的健康調查。經常受邀回台灣演講我做的研究；在加大法學院研究的醫療疏失訴訟，法庭上可做證的科學證據等這些都是在台灣可以發展應用的；另外，我在美國教了十幾年書，發表了數十篇文章在專業期刊和報章，可以幫台灣做國際文化交流。

在海外全球景氣變化高低震盪：守住事業的撇步

全球景氣變化高低震盪影響各行各業。在策略上，可以從以下幾點做起：

一、找到自己的利基（niche）：利基是別人難以取代的專長，甚至多方面的專長的競爭優勢。

二、培養可轉移，可帶著走的技術：例如，在學界除了傳統面對面的教學，開發線上教學；發表文章，加強語文能力。

三、隨時加強自己的履歷：教書十幾年，發現在海外的大陸和印度學生從到美國的第一天起就不斷專心地改善他的履歷表，做義工，努力來爭取工作機會。

台灣人要在海外生存立足，就要更加努力，才能保有持續的競爭力。

第三章 僑胞看台灣：感心的回家

身在僑居地，看待母國台灣

我剛來美國時在德州休士頓念書，與同學到運動啤酒吧看電視轉播，火箭隊拿到ＮＢＡ籃球冠軍。看到電視新聞運動專輯，頭條運動新聞報導休士頓火箭拿冠軍消息，全市歡騰，情緒沸揚的畫面；之後的第二則運動新聞，竟然是台灣立法院委員打群架，揪著頭髮追打，議員們從議場的一邊追打到另一邊議場。老美把這當成武術運動，娛樂新聞，看著哈哈大笑，我在一旁看了啼笑皆非，黯然離開。

想想自己國家的最高的民意代表機構，開會打架的不文明，被老美當成冷笑話看，有些心酸無奈。隔年在念博士班之前，我把家當整理一下，包袱款款就回到台灣，申請到立法院服務，擔任法案助理，看看能不能幫忙台灣這個祖國變得更好，減少一些這種流傳在國際間，不太好笑的冷笑話。

這幾年來在美國歷經幾次事業和人生轉折，雖然人在美國，拿著台灣護照，我一直是保持著剛出國時不忘初衷，始終如一的想法。情感上一直不忍心放棄自己曾經服過兵役，宣誓效忠至誠的台灣（註：入美國籍要宣誓效忠美國，宣示放棄對原來國籍的忠誠）。

以往懷抱熱血，回台灣立法院服務，出國來學習新技術，也為了有機會讓國家更好。我也時時提醒自己，在美國社會要延續在台灣部隊帶兵時，學到的領導統御，自己要以身作則，要比別人做得更好，更有成就，才能把自己關心的人事物，包括台灣，和自己的家庭帶上來。

選擇了留在美國，是當年高中時期離開台南故鄉到台北發展打拼的延伸。旅外多年，至今還是保持台灣籍。事實上，許多旅居海外的台灣專業人士只是為了專業發展，也都只有保有台灣人身分，例如，以前在馬里蘭大學的同事法學教授丘宏達教授前幾年去世。他的學術地位顯赫，據稱，旅美半世紀的學術事業，都是持著台灣護照完成的，沒有美國公民身分。所以有前例可循。

其實，在學術圈自由慣了，有時候覺得自己是世界公民：哪裡有自由、民主、法治，哪裡就是心靈和事業歸屬的家鄉。

故鄉的印象，總是在潛意識以及日常生活裡不斷地被撩撥起。前一陣子中華隊在打世界盃經典賽時，突然覺得離台灣好近。在加州夜半醒來，黏在上網的電腦前，一起為在日本拼鬥的台灣棒球隊加油。時光彷彿倒回到小時候在台南，街坊鄰居半夜起來，一起為在美國比賽的三級棒球喝采一樣。時光更迭，不覺莞薾！不變的是地不遠千里，人不分南北，海內海外一起被棒球魂所串連的台灣一心。這就是江湖中失物招領流傳已久的台灣真性情吧。雖然人不在台灣，但是人在曹營心在漢，內心總是希望台灣能更好，走向世界，更有尊嚴。

看台灣這些年的改變

台灣和其他社會一樣，有向好及向壞的發展。

好的方面，是民主深化，是華人社會中最民主的國家。這對其他華人社會有指標作用。社會安全網的硬軟體辦得很好，如捷運，高鐵，和全民健保。

同時，這個國家往壞的方面的發展也令人憂心。例如：資本主義衍生的社會問題，貧富不均，薪資所得追不上物價消費和房價。這個副作用是，整個社會變得競爭功利，窮得只剩下有錢。人際之間常會以錢、物質來衡量虛誇。當社會汲汲營營向錢看，忽略了比錢更重要的對人的尊重、自信、世界觀等。少了這些基本的文明的生活方式，我擔心這多少會扭曲人性。

另外，自然和人為災害每年都在重複發生，缺乏長遠避險的規劃。

觸動遊子心的故鄉新聞

觸動我的是來自故鄉正面的消息。社會政策越辦越好，像全民健保、高鐵、和捷運系統。一般來說，提升正能量的新聞，幫助閱聽人正面思考的媒體。我多年來教書的經驗學到了一點，對學生正面鼓勵，會提升信心。

負面的事件也不少。司法判決不符合社會期待，以及社會物質化。提升對國際人士，包括外勞的待遇。在美國，像我一樣的國際人士，可以當教授，當律師。在台灣外國人能有的工作權利很有限。被稱為老外（foreign）而非國際人才（international），文字圖騰被用來劃分強調內外，這點很不好。

最希望台灣社會如何改變更臻美好？

社會正義：司法獨立，公正判決。重大案件要接受法庭之友投Amici Curiae這是和當事人相關團體提的意見書，可供做法庭判決參考。

媒體改革是當務之急。少播一些八卦新聞，多一些社會關懷；少關心一些名嘴的婚姻問題，影星身材，或激化觀點，操弄的個人意見等。多加強國際觀的節目。如國家廣播公司的時事節目如N．P．R，以前的Larry King Live，Charlie Rose等對時事的深度訪談。報導要注意議題設定。媒體要論是非不要只講立場，避免腥羶。

面對全球景氣變化高低震盪。台灣人要培養競爭力，正向思考，主動積極，學會和自己獨處。美國畢竟是西方國家，資本主義的社會，團隊運作和東方社會不同。培養積極主動，團隊工作的態度，面對來自其他國家的新移民（如來自大陸和印度）的競爭，特別重要。

我是台灣人，也時時提醒自己是來自台灣的世界公民。自己專業有成就，才能把自己關心的國家和社會帶上來。國人不分島內海外，一起為台灣努力加油！

於加州舊金山市

弱勢關懷

台灣在國際上
兩百多個國家裡
只有二十幾個盟國　朋友
所以是
弱勢中的弱勢

如果　台灣之光
只顧著自己發光發亮
對於家鄉　弱者
不聞不問

那麼　只是
天空中那顆
閃爍耀眼的
但遙遠的
一盞明星

這個　台灣之光
與弱勢的台灣
在國際上　點亮不亮
真的　沒有
太大關係

本單元是關於弱勢族群和魯蛇學，是功名社會vs公民社會。當系統錯誤時。你不屬於這個制度，社會所定義的頂尖卓越時，單兵如何處置？

在一個 大家都爭第一，搶頭香的社會裡，
怎樣內心強大？如何安於第二？

第四章

在人生的轉角處找到出口：向盲胞學習

不要再抱怨了。百分之八十的人聽到你有麻煩而抱怨時，根本不會在乎。其他的百分之二十的人完全會很在乎，而且聽說你有麻煩了，還會幸災樂禍，高興莫名。

——Tommy Lasorda，美國職棒經理。[1]

眼睛是靈魂之窗。失去視覺的人固然可惜，但這並非是世界末日。例如，有些人反而會因為失明，節省了眼睛每天所需的能量，縮短睡眠時間，進而去開發人體其他感官的潛能。不抱怨，也會默默地形成一股寧靜的力量。這是我

1【編按】原文為Eighty-percent people who hear your troubles do not care, and the other twenty percent are glad that you have them.

在盲人朋友身上學到的人生功課。

在台灣念大學的期間，我有機會在現在新北市新莊的盲人重建院，駐院服務了三年，擔任舍監的工作。幫助學習點字，每晚和盲生（就業生活訓練生）相處，幫忙報讀[2]，縫衣服。因為有時盲胞因為會因為走路碰撞，或跌倒而受傷，還要幫忙裹傷包紮。

盲胞一天需要睡眠的時間較眼明人少。因為人的視力及腦力每天需要用很多的能量。據估計，眼腦所需的身體能量，佔據每人一天所需的一半以上。盲胞因為比較少用到視力，每天只需要數小時睡眠，即可恢復體力，以維持每日精神所需的能量。

每天負責晚點名後，我就住在院內，維護院區夜間的安全。好幾次我在半夜裡，被外面的腳步聲吵醒，看見盲胞在夜半時分睡足了，在院區裡走來走去，練習行動和定向。

於是我默默地在角落觀察他們，看著他們在夜裡不必使用白折杖，自己練習走路。走著走著，咦！有些走到牆邊的時候，竟然會在轉角處自動轉彎。本

[2] 報讀服務的意思不只是讀報紙，也包括幫盲生朗讀因為視障而無法看到的印刷品。

來盲胞是以一般定速的步伐在轉角處突然變慢，然後自行轉彎。我突然有種受騙的感覺，懷疑他們在行進間，是不是可以看到眼前接近的牆壁，所以轉彎。

日後，有機會時，我不解地問一位盲胞：你是不是可以看到眼前的路，已到盡頭，才能自動轉彎？他說不是。他接著解釋說，因為夜深人靜，走到牆邊會聽到來自轉角，傳來他自己步伐的迴音；或是感覺到風速和對流的改變，所以會自覺地轉彎。這一點不但令我詫異，更深刻地領悟到，人類擁有的無限的潛能。

原來盲胞失去了視覺，反而發達了聽覺，以及其他感官的知覺，補強了定向行動的能力。

不抱怨的強大內心

同樣令人印象深刻的是，大部分的盲人朋友失明後，選擇坦然面對日後的人生，不再抱怨。

盲胞經常利用半夜無人的時候練習不靠白折杖，獨立行走。每天面對有形，無形的生活障礙。

他們在白天的馬路上，常要面對著停滿了摩托車的騎樓街道，踽踽前行。要久候著過站不停的公車。要無視於一路上眼明人對他們指指點點，或是小朋友、好奇者的議論紛紛。要迎向未來，充滿各式各樣挑戰的人生。

除了有形的行動障礙以外，就業的障礙尤其艱難。台灣的就業市場，大部分雇主還停留在一個刻板印象，還在學習接受「盲胞竟然能夠做按摩以外的工作」，所以絕大部分視障者在台灣，還是只能做按摩這個職業。雖然，就業服務法第五條保障國民就業機會平等，設有罰則；明文規定各行業不得以身心障礙，包括視障等因素歧視就業者。大部分業者，仍然寧可繳交罰金，不願意進用殘障者。

我在盲人重建院工作所觀察到的，大部分的盲胞面對這些困境，所做的不是抱怨，而是選擇不停地練習走路，行動，定向，讓自己能夠更加獨立，不靠別人，能更有尊嚴地行走，在人生的道路上。

於美國闖蕩多年，學到一句受用的諺語：「如果你生來時不是比別人聰明，就要學會比別人勇敢」（"If you are not smart enough, you had better be brave!")

俗話說「沒有傘的孩子，必須學會奔跑」。東西方社會所累積的智慧，果然所見略同，也竟有異曲同工之妙。

當人類失去某些五官的知覺，其他的感官就會補強，發展得特別地敏銳。人生也是同樣的道理，日出前的天色最黑暗。也許有些人生在剛開始階段，出身地位比較低微的人，起步比較晚，進入障礙比較高；如同其他體能弱勢者，你就更該去發展屬於個人的，其他的長項技能。人生有無限的潛能，就等待你去發掘開發。所以不要害怕人生艱難的挑戰。風雨總會過去，一如黑夜要躲藏；也許風雨過去，晴空萬里就在不遠時。

人生的幸運，有時會先以不幸的方式出現（英文有句類似的話說，"a blessing in disguise."）。

我有一位舊識，在美國念研究所時有七年的時間沒有睡在床上，也沒有買過床。每天睡在地板上，據稱他自己說還地板上有地毯還算舒服。他說沒有其他原因，只因為這樣任務比較單純，只擔心有了床，睡舒服變懶散了，書也就會念不完了。其實，我知道這是他的托辭。他的小確幸是，因為睡在地板上，整個地板都是他的床；他可以睡地板，從這邊房間角落翻睡另一邊角落，當他的翻滾吧，資深男孩！所以他念了幾個研究所的學位都趕緊念完，一刻不停留，也都沒有睡到床。他的理論是和當兵生活，一切從簡一樣。如果當兵生活都太過於舒適安逸，吃香喝辣，可能兵就會當不完了。

幸運是一種相對的比較級

經由服務而受啟發的人生，讓人體認到世界上還有比你我自認的不幸，還更甚的人生，更加不幸的人。看到盲人這樣扎扎實實地，一步一腳印過著每一個的日子；即使眼睛看不到，也認真的學習透過電視和點字來學習。以往在帶海外營隊時，看到在國外出生的台裔子弟，來台灣研習華語文，努力地學一個字、一個筆畫地學寫漢字；看到盲人遭遇重大的變故，或是華僑重新學習非母語的華語文，不是抱怨，而是選擇面對，努力地補足，看看他人，想想自己遭遇小小的人生困難挫折，也就不算甚麼了。

長住在美國的歲月裡，有時我還會不經意地想起，那些在夜半時分，手沿著藍色圍牆，一圈一圈地繞著走；在院區裡，努力練習自立行走的盲友。

很多人生的道理，可以俱向盲胞學習。盲胞不抱怨的態度，形成了一股寧靜的力量。在一個充滿喧囂，熙熙嚷嚷，人云亦云，說得比唱地好聽的現代社會裡；寧靜地視而不見，是一股多麼強大的力量！

也許該感謝一路走來困難的小確幸、小挫幸所激發的潛能。它們讓你被迫接受，處理，放下，而瞭解到人生的必然，繼續開發和實現自己的的長處，發揮不一樣的人生。

電影無間道有句台詞說得好：出來混的，早晚總是要還的。想來人生大半還算公平。有些人生道理既然早晚會學到，該學到，也許早點學到，早點參透；也許比晚點

左：出國前攝於服務三年的台北縣新莊盲人重建院
右：就讀輔大時在盲人重建院寄宿服務，期間與醒新社愛盲隊同學舉辦盲胞受教權研討會，促使當年的國立空中大學開放給盲生就讀。（1994. 5）

學到，晚來痛苦來得好。

根據內政部統計，在台灣登記領有殘障手冊的盲胞超過五萬人。有時候這些盲胞會寧靜地，以出盡洪荒之熊熊生命力，出現在你身邊。可能在大街上，公車站，或是課堂上有空時去和他們聊聊，看他們是否有需要幫助。也可以到大學圖書館報讀錄有聲書，也許會因此得到，對人生有不同的領悟。

後記：在盲人重建院的服務，深刻影響了我日後的事業。我和我在美國教書時的導生博士候選人Melissa Resnick（先天全盲學生）去年共同出版了一篇論文收錄於教科書於澳洲出版。[3]

---

[3] 文章鏈結：Resnick M. Hsu CE, Chapter 14. *Health Informatics in the U.S.A. Health Informatics for the Curious (1)* (ISBN: 978-1-925128-71-0). City of Canberra, Australia: The Curious Academic Publishing. Apr, 2015.

第五章
家族裡第一代上大學的學子：化弱點為助力

身為家族裡第一代上大學的孩子，跟來自其他（父母受過高等教育的）家庭的子女有什麼不一樣？

●缺乏人脈與資源。
○怕生，缺乏自信，說話聲音小。
●閱讀有困難，寫作需要幫助。
○情緒管理，情感表達可能有障礙。
●比其他學生較容易休學或被退學。
○常易直覺式地，陷入負面思考中。

美國社會很早就注意到這些家族裡第一代上大學者（第一代大學生，First in their families），或稱First-generation/Generation-one college students有特殊學習上的需求。在申請入大學和研究所的表格裡（尤其是公立大學），常會有一欄問申請人說，是不是家族裡第一代上大學的？如果是的話，在入學審查的時候可能會有優先入學的考慮。

原因無他，主要是為了這些孩子來自沒有人曾上過大學的家族。讓這些學生優先考慮入學，可幫助他們和來自其他家庭的人競爭，得到相同受教育以及成功的機會，增進社會階層流動。

沒有傘的孩子，下雨時要努力奔跑

在美國教書十幾年來，我也特別關心這個族群的學生。除了自己本身幸運，是家族裡第一代上大學的當事人以外；也因為在上課時，特別是在軍人及來自偏鄉的學生裡，發現這個背景的學生，常有較容易辨認的特質。

通常，家族裡沒有其他人上大學的學生，走在一條沒有其他家人走過的人生路，比較容易中途放棄學業。其他沒有放棄的，有幾個類似的特質：

例如，人生因為缺乏家人做榜樣效法，比較沒有特定的學業或事業目標；有些閱讀有困難，寫作需要幫助，如有些有比較不社會化的表達方式；有些怕生，比較沒有自信，講話聲音小；情緒管理或情感表達可能有障礙；缺乏資源；比較習慣在自己的生活圈裡不想跨出去，人際關係需要加強，與來自其他族裔文化的人比較起來不容易相處。

怕生，缺乏自信，說話聲音小

在台灣也常面臨到和在美國類似的情形。很多來自家族裡是第一個上大學的子女，通常說話的聲音比較小（soft speakers），對主流社會語言的掌握，可能比較沒有那麼精確。原因是這個族群，有很多在家裡使用方言和家人溝通；相對之下，比較少機會用官方語言，或是主流社會的語言說話。所以主流社會的語言，或所謂的「國語」說不精準是可以理解的。我在美國教書指導的國際學生裡，發現有很多外國學生也是屬於說話聲音小的一族；這可能也是因為使用英文為非母語，對語言掌握信心不足，不像使用母語般那樣熟悉。

這個弱點是可已經過訓練而改變的。把握機會，善用場合來訓練自己的領導統御的能力，訓練自己可以說話的場合。在學校社會可已經過參與社團，義工活動，以及當兵的時候多利用機會參加領導統御，來充實自己，讓自己有更多機會去經過挑戰，確認，得以增強這部分的人格特質。

南腔北調，台灣國語也ＯＫ？

如果說話帶著口音，其實也可以形成個人特殊的特質。有很多來自家族裡第一個上大學者，說話帶著家鄉地域的方言口音。很多人可能因而很介意自己的口音和方言，但不要讓這個弱點局限了發展。完美，並不一定保證成功。

幸運餅裡的幸運籤有言：要降低期待，就能避免失望。（“To avoid being disappointed, minimize expectations.”）

很多名人說話也有口音和方言。前美國總統克林頓，以及現任總統夫人米雪兒講話的時候都有很濃厚的南方口音，但這些弱點並沒有影響了他們的發展和削減了他們的影響力。俗話說，「主要不是你所講的內容，而是你怎麼說」。"It's not what you say, but how you say it."如果說話發乎真實誠懇，內容豐富，即使講話有口音方言，或是發音不標準的話，人們還是能聽得清楚。所以，不要讓追求完美變為成就好事的絆腳石！這是英文所謂的"Don't let the perfect be the evil of the good"。

閱讀有困難，寫作需要幫助

第一代生的學習活動，例如是說聽讀寫，通常需要一些幫助。

學習的功能包括輸入和輸出。輸入包括閱讀聽講，預習和復習；輸出包括寫作，發表演說，思考和表達。讀寫是一體兩面。閱讀量的多寡，影響了思考的深度廣度，決定了寫作的品質。

有人說，模仿一個人的寫作，是抄襲；模仿五個人的寫作，把他們作品的精華加成起來，可能就是偉大的創作。所以要經常利用機會，不斷地閱讀並習作，模仿別人寫作的方法，來改善自己的寫作。

有些遣詞用字，如介系詞的使用，一般來說，是用母語的人才比較懂得用得精準的。用外文寫完作品之後，一定要讓使用母語的人改過或給意見。英文所說的：作品讓越多人給意見越好（"get as many eyes to look at it as possible"）。

缺乏資源，自己開創

有時候要把尊嚴放一邊，去尋找幫助，找到對自己最適合的老師當業師，找用心的朋友當生活上的大哥哥、大姐姐（big brother/big sister）或學業上的學長姐（buddies）。要找到可以一起念書的朋友同學。找到一些個性類似的，比如說很多少數民族的同學，都有類似的生活文化，生活經驗，以及文化的歷練。這些人也比較有同理心；因此，必須要努力去經營，這些和少數民族同學的友誼。時間管理也很重要，能夠上學念書的機遇是一個函數，包括了資源，時間，工作等的總合。第一代生所要做的，是把這些變數管理好，在有限的時間裡極大化。

情緒管理或情感表達可能有障礙

第一代上大學者，很多人際關係需要加強。這些人比較習慣在自己的生活圈，不想跨出去，和其他族裔文化相處需要加強團隊工作。所以人際關係很重要。加強人際關係要從加入社團開始，比如說，在學期間可以從帶團，帶國內化國外營隊開始學習。多看情緒管理的書來學習與人相處。

負面思考

雖然不一定適用於所有的例子，但有些第一代上大學的子女容易受到負面思考的影響。通常有些出身較低微的子女，可能沒有過多社會的期待，或是在原生家庭裡經常受到讚美，做好做壞也沒有太多的正面的激勵，通常會有較低的自尊心。甚至對事物的解釋，或遇到困難，會直覺地傾向負面的思考。

在西方社會，整體上比較鼓勵正向思考。他們會儘量去發掘良善的面向，故意去忽略你不好的方面。人生的磨難接踵而來，凡事往好處想，比較能夠受得了生命不斷挑戰和挫折，過得了生命的難關。要經常提醒自己的長處，培養正面思考。比如說，雖然學業成績不好，你還有比別人好的天分：也許是藝術方面，也許是寫作，也許是運動，也許是長相長得好，說話說得清楚，身體沒有殘缺，耳聰目明，有愛你的父母，有引人注意的身高體重，或是運動各方面都好。

天生我才必有用。要把重心放在自己所擁有的，而去忽略自己所沒有的。

感謝擁有，會得到更多；只聚焦於不足點，拼命鑽牛角尖，永遠都覺得獲取不夠。

——Opera Winfrey[1]

1 【編按】原文為Be thankful for what you have; you will end up having more. If you concentrate on what you don't have, you will never, ever have enough.

第六章

第一代上大學的學子：建議方案

家族裡第一代上大學的子女有諸多挑戰，要如何超越，改善生命的機會呢？以下提供幾點做參考。讓沒有傘的孩子，下雨時靠著自己的力量，努力奔跑。

●態度決定人生的高度：設定目標。

○原生家庭非原罪。出身無法改變，要化為前進的力量。

●築夢踏實，培養競爭力。

態度決定人生的高度：設定目標

不管來自任何的家庭，為人生設定目標和做榜樣很重要。經常跑步，使我從跑步中學到很多人生的經驗。跑步和學習的過程很類似：通常，剛開始跑的時候靠體力，中途要靠耐力，堅持跑到最後，則要靠意志力。接近目標時，最後半段的賽程最具挑戰性，通常能夠完賽，跑完全程，靠的不是比體力和耐力，而是比意志力。那些心中有目標，想著為誰而跑，為何而跑，勿忘初衷的人，比較容易跑完全程。

求學，運動，和處理人生路上的挑戰一樣：首先要強化自己的意念。家中第一代的大學生，常會有前無古人，後無來者，在一條人煙稀少路上，會有獨行的蕭瑟悵然的感覺。努力表現達到成功不只為了個人，更是為了追隨你的腳步的而來的那些人，與你同樣背景的後來者開路。追求目標的過程總是辛苦，容易放棄；如果有背後有強大的動機支撐著，比較容易看穿超越於眼前的困難，達到目標。不論你想要做為榜樣的人的目標是為了女男平權；是為了軍人榮民的榮耀；是當子女的榜樣；還是和我一樣，為了給家族裡，第一個上大學的做參考，希望你都要當榜樣，勿忘初衷，為了與你同樣背景的後來者開路。

心理素質：you will not only help yourself; but will help those who follow your Fingertips.

在開學的第一個禮拜我經常問學生為什麼要完成大學學業，以及希望在這個學期達到甚麼樣的目標。很多人會說，完成大學學業是為了要當作子女的榜樣；要有更好的人生機會；要脫離貧窮；或為了幫助別人。學期末最後一堂課，我通常會和學生一起來共同回顧自己，是否有達成學期初時，所為自己設定的目標。那些選擇在學期初對自己立下承諾的學生，通常都會如期地完成學業目標。所以，很重要的一點，是選確定一個目標，當你覺得重要的人的榜樣，可以幫助自己下定決心，不會自己毀約，還比較能夠實現意志力。

目標可視為一份進行中的初稿（a working draft），總是可以回頭來修正或是重新來過。但是，要能夠修正或重新來過，你總是要先訂定有個目標才行。

這個心理的素質，可以用教育來培養強化。例如，每學期上課，我要學生想像說，等你學成之後，回去你原來的高中，大學，或研究所分享經驗。回首來時路，回到前無古人的路上，與你學弟妹們分享你成功的秘訣，走過的路和人生經驗。這種人生歷練的傳承是多麼美好的事！總之，不管為了自己或為了做別人的榜樣，你走在一條少人走的路，前路多歧，你要找個比你個人的生命更巨大的目標，pursue something that is bigger than life!

不能改變原生家庭的出身背景：學會接受、放下，化為前進的力量

在台灣時，常發現有些人容易受到原生家庭的影響。隨著家庭做甚麼事業，他也跟著做甚麼事業。父酬者、富爸爸常會推出富二代。可喜的，是有受到原生家庭的幫助，人生可減少奮鬥幾年；可悲的事，人生發展和專業也受到局限。這一點在美國比較不同。大部分的美國人，受到教育，社會化，以及因而多出改變選擇事業的機會的改變，很多在事業上選擇和家裡做不一樣的事情。

有人說，二十歲以前，出生的家庭決定你的一切；二十歲以後，自己要為日後的人生前途負責。這句話的主要意義是，不要讓自己的原生家庭限制了你人生可能的發展！

面對競爭，築夢踏實

在美國和在台灣一樣，總會有一些既得利益者，坐享家大業大，繼承而來的權勢（entitlement）。他們希望你聽他講話，而不管他的作品、成就，究竟有沒有獨到之處（merits），或是他的想法值不值得你花時間仔細聽。每個人都有被需要別人注意的巨大自尊。

看看二〇一六年美國共和黨提名總統候選人川普。他繼承父親的家族房地產事業，是個典型的父酬者，全盤繼承父親的房地產業，事業建立在有關係就沒有關係。他的生活中期望要有甚麼，大概就會有。他們想要的東西大概就會擁有。

個人來自的出身背景，會決定你部分的人生機會。這是社會的現狀及常態。選擇正視它，因為雖然看不見，可是它依然存在。但這些屬於與生俱來的社會階層的問題，不是個人可以選擇，或輕易改變的。與其詛咒黑暗，不如點盞燭光。

雖然如此，還好，所謂貧富不過三代。大凡一個階層可以自由流動的社會，人們可以透過受教育、稅收、以及社會資源重分配的方式，改善宿命和平等競爭的機會。這是種值得期待的社會。

競爭無所不在。在美國時每天早上一睜開眼睛，就會想到與來自一百多個國家的，最頂尖的移民來這國家謀生的人比較，要用這個國家的語言來跟人競爭。

跑馬拉松的人都知道，最快的捷徑，就是不抄捷徑；就是老實地，按部就班地，一步一步跑完賽程，才能達到終點，得到應有的尊敬。

因應之道是比別人早做準備，早一步出發。時時掌握狀況，要眼睛放亮，有先見之明 stay on top of things，要訂定自己的時間表timeline/milestone，不要被交件日deadline追著跑。

要保持競爭力，要經常不斷地去更新履歷，發展一些可以轉移，可以帶著走的技術。比如說，在學界可以帶著走的技術是發表的文章，是研究從構思到發表，這些是可以轉移的，可以帶著走的技術。

有人說，衡量一個社會文明程度的指標，在於這個社會怎麼樣對待他生活在社會底層弱勢的人民。今天的社會，不管在台美，媒體或社會大眾，經常花費大量的時間、精神，把焦點聚集在對百分之一所得的富有者歌功頌德。在此觀察家族裡第一代上大學子女有感，希望對從事教育的工作者有所幫助。也希望這個社會能夠多關注弱勢家庭的子女，把可能落隊的學習者，從後面帶上來。

有幸受教育者，有更多責任分享所學。[1]

---

1 【編按】原文為Those who are privileged to have access to knowledge, have more responsibility to share.

第七章
老二哲學：培養內心強大的「二」勢力

魯蛇是穩拿人生的先修班

台灣是我的故鄉，也是傷心地。離開台灣，在美國求學工作後，整整有十年時間未曾回到家鄉。

我在台灣時，是當時教育系統認證過的魯蛇（loser）。不是穩拿（winner）。很少是人生旅途上順利的常勝軍，也非人生勝利組。

在台南唸高中時，凡事都在行，只是除了念書及考試以外。當時主編校刊最快樂，很有成就感。但課業一落千丈差點被當掉，轉學到台北師大附中才得以完成學業，在大學聯考時考了n遍，n＝4。在台灣受教育時考大學聯考考了四年，從理組轉到文組，又從文組考到理組，終於考入台中成功嶺大學，真是魯蛇，魯到非常秀下限。最後在當兵時休假出來考上輔大，半工半讀念到畢業。

唯一考上的第一志願是當兵時憑體能，考上士官隊成為成功嶺的教育班長。這不是眾人眼中的第一志願，但是，卻是最適合我的第一志願。因為可以留在本島，服役時利用休假時間念書，考上大學。

還好，縱使歷經挫折，沒有放棄的寫作和語言能力，也幫我在國外求學工作一路順遂，如魚得水。

在國外唸書時才找到肯定自我的強項，峰迴路轉。博士班和寫論文共花了三年的時間。順便念了第二個碩士。後來念法學碩士，用對方法，花了一年時間修完。

我在國外連續十年沒有回來台灣，因為國內是個傷心過往。國內這個教育系統，過度強調用同一個模版複製出考試機器；對於不適考試，缺乏資源的學生相對不利。直到最近才相信改變成為可能，選擇回國發展。

人生是公平的：我是班上最後一個上大學的同學（退伍後，剛上大一時剛好來得及參加高中同學在大學的畢業典禮），但也是第一個在美國升上正教授的高中同學。因為同學結婚、增產報國，費了很多時間氣力。所以，我就趁機在事業上領先。

於是，到國外繞了一圈，才逐漸領悟到了一套魯蛇哲學：搞了半天，魯蛇，原來是穩拿的人生球賽的上半場，是成功的夜間部。不是不報，時機未到。

原來，不需要樣樣都比第一，內心強大最重要。雖然在台灣，是個充滿比較、論長短的環境，期許培養這種器識，確實較難。

拒絕被定義，認真就輸了

當魯蛇其實好處多多。想通了，你會愛不釋手。

因為不是永遠居高臨下，魯蛇即使不小心摔下來，也不會摔得那麼疼痛。

當魯蛇真好，不必把時間浪費在與人競爭，滿足別人的期待，為別人而活。

一朝為老二，並非終生為老二；

今朝為老二，其實是為了來日可能當老大。

並非所有人，都是以第一志願考上自己想念的學校。有誰一次就到位，做自己想做的工作？

是不是有人，會自認為你人生的潛能只限於現在的選擇？

我常常在想，如果當年僥倖考上去念第一志願的學校，會不會就會唸不完兜著走？今天會有這本書，背後的故事問市？

建議讀者，努力去追尋自己心目中的第一志願。這個不見得是世俗人眼中的第一志願。是屬於你的第一志願。別人不能幫你定義。

念第二志願的學校當老二，讓我更加謙卑，更知學然後知不足。

因為缺乏明星學校的光環，沒有充分的資源，讓我更加時時準備好履歷，準備好自己，以待機會出現，甚至主動去創造機會。

征服超越考驗

在每一次的失望和希望交集之際，學習調整自己的姿態和步伐。

我的人生如果有任何可以當老大的機會，大概就是這些當老二的期間培養實力的。

有一個老許掃落葉的故事，值得省思。

華麗的大樓前，老許是work friend（工友）在掃落葉。董事長進到大樓前看到老許在努力工作，拍拍老許的肩膀，勉勵他說：

「好好地幹，老許呀，熬過來了，總有一天你也和我一樣有出息，當董事長。」

老許抬起頭來，喵了董事長一眼，繼續掃他的落葉，嘴裡喃喃地說：「董事長，你也要好好幹，不然有一天你也和我一樣來當work friend，當工友，來掃落葉！」

歸根結底，風水輪流轉，人生是公平的：

一朝當老二，是為了來日當老大；

一朝雖然有機會當老大，不持續努力的話，也許來日會變成老二。

種好因，結善果。[1]

1【編按】原文為What goes around, comes around.

第八章

老二哲學：逆轉勝的撇步

當國人執迷於衝排名，搞頂尖卓越時。國外一些如何幫助魯蛇的學門逐漸興起。教導人們，如何逆勢而上（Resiliency advantage），有個雨天備案（Plan B），準備下一個最好的計畫（next best things）。

人生球賽的上半場當魯蛇沒關係。因為你累積了失敗的經驗，下半場崛起·要設定目標，相信明天一定要比今天過的更好。

> 人生要有目標，時間要和金錢一樣，要有系統地管理。
>
> ——Randy Pausch. *The Last Lecture.*

我曾經在唸大一時送過大學校園早報，一個早上要送三百份報紙要兩個小時時間。送報不累，雖然在一年當中只放農曆過年的三天假；但是很怕下雨，一下雨報袋裡的報紙淋濕，就要自己掏腰包賠錢去買來補送。

所以在大學時期工作，很早就立下兩個生涯的、崇高的目標：第一，以後要找一個大部分時間在室內的工作，就不會擔心下雨；第二，是年輕時送報，年紀大時看報。

現在，兩個目標都實現了，也寫報刊專欄談社會政策及法律。不再擔心報紙淋濕了。感謝念大學時，我送校園早報所得到的福利：每天當世界還在沉睡時，我有幸一大早，第一個邊送報邊讀免費英文報紙學習。那時的學習對我學術生涯帶來的啟發，影響持續到現在。

面對問題，解決放下

人生中，受苦的總和有一定的限量，早點受完比晚受好，要先苦後甘。

英文有句話這樣說：你的問題從來不會終止，他只是以另一種形式出現，除非你面對他，改變他。

"Your problems never cease. They just change."

——Phil Jackson. *Lakers Basketball Coach*

以前在國內唸書時，數學、統計不好，但是出國後終將面對。出來混的，總是要還。最後修了統計當輔系，教老美一陣子統計課。這才發現，對數理的莫名恐懼，竟是對教材理論失去興趣。

還好年少培養的興趣，如寫作的興趣，從沒停止，沒有放棄。不要放棄自己。感謝以前數理科很不好時，至少沒有放棄文筆，一直寫下去。一直靠參加比賽來得到肯定。

天生我材必有用。克服自己的缺點，不要輕易放棄自己！

知道不要什麼，才會了解想要什麼。[1]

——Anderson Cooper. *News anchor*

[1] Learning what you don't want to do is the next best thing to figuring out what you do want to do.

當一切都失去時，希望仍在。有些人失去感情，得到事業。

有些人失去事業，得到家庭／親情。

要相信人生不管在任何處境，都是有他的意義。英文說：Believe in this world that there is meaning behind everything.

今天會一時當魯蛇，也有它的意義。

每個人人生的重要使命，就是去找到為何今日在此的意義。

要追求比生命更重要的目標（pursue something thats bigger than life）。

選擇屬於你的戰場，對的戰場（Choose your own battle. Fight the good fight.）

人生是一連串選擇的組合：不只要選擇自己想做的，也要選擇值得利用自己時間的。所以，應該做個人競爭優勢的資產盤點。（take an inventory of personal assets）

知道自己的長處（forte）很重要。如「阿美阿美」歌詞所說的，雖然沒有汽車洋房，吃的是粗茶淡飯。但是野百合總會有春天。有的人雖然沒有家大業大的庇蔭，但是具備有好手好腳，人帥真好；有清楚的思路，表達順暢不口吃等。

每個人都可以培養自己的競爭優勢：這是你獨特的專長，別人很難取代的專業。

我的專長是醫務管理。在國外多年，教授的學生裡有一半有醫事專長。在教醫務管理時，我會問學生裡面，有多少人具備醫事背景？一班不到一半的人舉手。

我接著問，那不是醫生如何來管理醫務人員呢？

其實，可以從精通非醫務人員的管理技巧開始。比如說：學習會計，資訊，法律，統計和研究法，寫研究文章。這些都是利基專長，是醫師不一定熟悉的領域。

前事不忘，後事之師

魯蛇物語：重複錯誤。

穩拿物語：從錯誤中學習，避免再犯。

英文說：欺騙我第一次，是你真差勁；欺騙我兩次，不能記取教訓，是我真差勁。（Fool me once, shame on you; fool me twice, shame on me.）跌到洞裡時，別再掘洞讓自己越陷越深。（The first rule of holes: when you are in a hole, stop digging.）

下一步：當衰運來臨時，排除負面能量；要和提供正面能量的人在一起。（Surround yourself with positive energy.）要有一群正面朋友圍繞，守著陽光守著你。

如何表達不同意的意見很重要！

英雄所見略同，但正常合理的人想法不同，可以理解和諒解。在學校時，就要學習表達自己不同的意見。

雖然英雄所見略同（great minds think alike），但一般有正常理解能力的人，想法看法會不同，這很正常。You are entitled to your own opinion。比較適合表達情緒的不滿，應該用委婉的方式表達，比較能夠讓人接受。忿忿不平無濟於事。不要變成passive aggressive，負面情緒障礙搞破壞。

近年來有一個例子：前一陣子太陽花學運的憤青們，罵政府罵得很兇。有什麼大腸花等，這些就我看來，其實似花非花。要改善社會國家，除了抱怨，拼蠻力強，比罵大聲；也要發現問題；找到原因，強化論述，尋求解答。

教育改革

來自弱勢的家庭，如何自立自強？
頂尖：頂什麼尖？頂誰的尖？誰來定義頂尖為何？

教育改革是國家競爭力的重要指標
提升生活品質的利器
教改的第一要務絕不在於撒大筆錢
衝自以為是的頂尖
搞一些島民視野的卓越。
教改要全力救起社會的邊緣人
多關心學生
逆轉教師不重視教學結果，
光比評鑑，拼菁英，
爭排名，
搞期刊掛名的
歪風陋習。

第九章

台美兩邊教育的差異：學校教的事

別人無法奪走的東西：包括你吃下肚裡的晚餐，和你的學識。

——猶太諺語

教育可以增進社會的公平性，培養學生思考的深度廣度，以及幫助接受尊重多元生活方式。這篇文章分享在美國大學任教十幾年來學到的心得。為什麼要接受教育，教學心得，教授和學生的關係，以及老師對學生的不同期待。

教育改變新移民的人生

十五年前，當我剛到美國開始教書的第一年，遇到了一位開著一部破舊的中古車來找我的社會人士。因為我剛開始工作時也是開破車代步，所以特別關注。他是個亞洲人，口音很重，聽起來像是新移民。他跟我說，他在他來自的國家是原本是一位醫生，後來移民到美國來因為沒有取得學歷，語言上也有障礙，所以無法從事他的專業，選擇從事保險業養家。他說他要回到學校來念個學位。

我請他先在班上旁聽，但不得推銷商品，覺得語言能力改善之後，我再根據他課堂上的表現寫推薦函。後來他申請上碩士班，因為他的語言能力（主要是口音）不斷被質疑，甚至被拒絕入學。

我志願收他為指導學生，指導他完成論文，之後他也順利取得博士，留在德州大學擔任教授。他的英文口說英文的口音只有稍微改善，但是絲毫不影響他的寫作。他經常發表文章在專業期刊，成就非凡。教育所帶給他的改變，使他不被先天的口音所限制，發揮自己的利基強項，改變了自己和家人的命運。

我回台灣找教職，他自願幫我寫推薦函，也傳為師徒相助的美談。

教育抗衡「富爸爸」，取代「父酬者」

這是一個機會不公平的社會，這個矛盾在資本主義社會的美國更加明顯。在一個有意無意鼓勵「富爸爸」和「父酬者」文化的現代社會裡，因為社會與生俱來就是不公平的，因此有老師這個角色出現，由老師用教育來補足社會的公平性。老師和學校，是提升社會公平的最後一道防線。教育是促使社會階層流動的重要因素。藉由接受教育可以翻轉生命的機會。即使沒有富爸爸庇蔭，不是父酬者也無所謂，可以一次可以改變一個家庭的命運。

教育改善思辯及尊重多元

接受教育可以幫忙培養思考和表達。比如說寫作和思考的邏輯，對問題的切入點，應用理論與實際操作，以及研究的步驟。這些都是做研究和面對社會問題的基礎。另外，受教育過程需要接受很多公民及公平的訓練，可以培養一個人堅持公平的標準，畢業後積極入世，維護社會公平。透過寫作來反應思考的廣度和深度。訓練寫作能力可以觀察學生有沒有完成上課要求閱讀的文章。一般而言，思考的廣度反應閱讀份量。學習及閱讀越多的人，口語及書寫的表達越豐富完整。

教育也幫助培養尊重多元的社會。對自己來自的族群覺得比較自在，是人類的本性。同一個族群的人容易齊聚一堂，如來自台灣的人，亞洲人，相同宗教信仰者等等。社會是由來自不同背景的人們組成，教育的功能，可以促成一個尊重多元文化的社會。

比如說，美國是個尊重多元化的國家。多元的觀念，這包括不同的生活方式和性取向。美國是一個允許同性戀者合法結婚的國家，所以從在學校上課開始，課堂上老師就儘量安排一種多元化的上課環境，老師之間也有一些是同性結婚的。很多高成就的人士，也選擇以同性婚姻成家的方式。在教育環境方面這個社會特別讓學生知道各種不同生活取向的人，包括選擇同性戀，都是受法律所保護的。選擇這些生活型態的人的權益，在美國受到聯邦法律所規定保護，不需要被矯正或改變，只需要被了解和接受。

西方社會文化重視多元，也具體呈現在一個尊重左撇子的社會。美國的課堂上通常有左撇子專用的課桌椅，以供左撇子學生上課和考試可以用。因為我是左撇子，我上課的時候觀察發現，超過一半的學生都習慣用左手；在一個不刻意去矯正成使用右手的情況下，美國這個社會，竟然慣用左手的人，比用右手的「正常」人多。近二十來的美國總統，全都是左撇子，由此看來並不令人詫異。從雷根，柯林頓，老少布希，到歐巴馬總統，都是左撇子。

左撇子，和選擇結婚或單身，同性戀和異性戀一樣，都是社會的選項之一，而不是社會問題。大眾設施，運動器材也有很多是專門為左撇子的人準備。

這個多元社會尊重左撇子，也影響我教學的作法。看來，還是「順著毛摸」最大。所以我在教書的時候，也通常尊重學生天賦的發展，從旁誘導，不去刻意改正矯正學生，而是鼓勵學生發揮既有的學識更上一層樓，讓學生可以增進他帶進來課堂的生活或經驗專業知識。因為這是一個尊重多元化的社會。

以前在法學院唸書的時候，課程很緊湊，所以很多學生喜歡坐前排，甚至整學期霸占前排座位，以求高分。為了避免學生霸佔前排的位子，所以老師利用一個辦法來增加學生座位的流動性：有些老師會要你根據多樣指標綜合指數（Diversity Index）來坐固定座位，讓分數很不同的坐在一起。這個指數包括了家庭父母親的教育程度、社會經濟地位、是不是家中第一代上大學的子女等等，計算成為一個綜合指數來決定你坐在什麼位置分數不同的學生坐在一起。坐在同一區的學生，通常是綜合指數差很多的。這樣子用來集合來自不同的社會經濟地位的學生，坐在一起學習多元融合。

美國這個社會國家，從入學的第一天開始，就培養學生接受多元的觀念。因為他們了解到，多元化是美國社會珍惜的特性；這些學生畢業出了社會之後，他們必須學著接受包容，而不是去改變，這樣一個多元的社會型態。這個國家從入學到畢業，都有一些和東方傳統教育很不一樣的地方，可以參考。

第十章 台美教育差異的實務：學校不教的事

入學標準

美國大學部屬於通才教育，入學的資格比較寬鬆，大部分只接受書面審查。研究所入學的選擇性比較高，除了申請獎學金者和某些國際學生，需要用視訊面試以確認本人與書面資格相符以外，也使用書面審查。一般來說，大學的入學的門檻比較低，可是入學之後要接受一連串的訓練，有口頭表達的報告，筆試，寫書面報告，以及期中期末考。能夠有毅力和學識能力完成最後訓練順利畢業的並不多。據統計顯示，在美國博士班就讀超過一半以上都是國際學生，而能夠順利完成資格考論文提案者只佔入學者的三分之二，順利完成博士學位者佔一半左右。

由於這種高等教育的高淘汰率和就學折損率（attrition），在入學審查的時候，入學委員會特別會注重學生毅力的舉證，比如說，證據顯示支持這個學生可以順利接受挑戰完成學業而畢業；沒有中途輟學的紀錄；或是有長期工作資歷不間斷的紀錄。申請的資料可以加入這些積極的證據。

老師期待學生的角色，啓發對人生問題的解答

"Learning what you don't want to do is the next best thing to figuring out what you do want to do."

——Anderson Cooper. news anchor.

問問題，問對的問題。英文說If it is not broken, do not fix it. 如果不是個問題，就不要太費心改變了。美國很少有考古題。有的只是對類似實務案例的思考應用。

英雄所見略同，但一般人想法會不同，很正常

在學校就要學習表達自己不同的意見。有一個說法是「情緒管理」或是衝突的管理。在國內時常用這方式來表達自己的不滿。在學界有個講法叫Great minds think alike, but reasonable minds may differ。英雄所見略同，但合理正常的人想法可能會不同，這很正常。You are entitled to your own opinion。比較適合表達情緒的不滿，應該是用委婉的方式表達比較能夠讓人接受。

正面積極的思考

有一個鼓勵正面思考的說法，是這樣提醒世人：如果不是一句正面的話就別說了，因為多說，對於提升正面元氣無益（If it is not a good word, do not say it.）。

英文口語有些是比較正面的，比如說外國學生叫 international，不是叫 foreigner。這個講法比較包容，不會刻意去強調本土或國內外。

即使是受到小恩小惠，經常說I would really appreciate/I am appreciative。如不

是百分之百確定或不贊同時，說我不確定I am not sure，選擇不用否定的表達語句，如I do not think so。

書裡找答案

你要是有問題的時候去問教授，她通常給你一本書去尋找你自己問題的答案。這樣做有兩個意義，一，這並不是他沒有時間回答你的問題，而是因為如果你的問題就在書本裡面，他還花時間跟你講了一堆，這樣反而侮辱了你的智慧，浪費彼此的時間。另外一點，這是先發制人（pre-emptive），避免後患。這樣做是因為如果你要一條魚的話，他給你一張可以補到魚的網，這樣以後你要再需要魚的時候就可以自己撒網去捕魚，可以不會再來請教老師。給你一本書，讓你去找答案，訓練利用自己的理解去瞭解你的問題，不失為一個好辦法。

每一堂課至少要問一個問題，給一個意見（one question, one comment）：老師會期待學生課前準備，課堂上有參與的成績class participation grade。建議學生要把握機會，在每一堂課的時候，至少問一個問題，或給一個意見。至少這樣會得印象分數。因為美國的學生，不管他懂不懂有沒有準備，都會問問題或是給意見，所以國際學生講話比較慢的，要爭取時間，在本地學生問問題和給意見的空隙時，要把握時間問問題或是給意見。

了解畢業論文的遊戲規則

You are not graduating until your committee members so recommend. 論文通過的時間不是由你決定。除非你的委員會同意你的提案和最後答辯，否則你可能沒有辦法及時畢業。論文是指導老師所必須簽名背書的正式文件，所以大部分老師都會很謹慎，在簽名前對品質把關。

有些人建議跟這些指導老師修幾個獨立研究（independent studies）的課來加強準備資格考或論文提案，我覺得這個建議效果因人而異，可以參考看看。

Build your research question around one for each to get their buy-ins, so that they will help you get through.

要讓他們同意提案，最好的方式是把他們的研究的東西寫到你的研究問題裡面。如果你有三個教授在委員會裡，最好有三個研究問題，每一個委員都有一個問題。這樣可以讓他們對你做的東西有興趣維持持續的興趣，並幫教授更新他對已經熟悉領域的新知識，有動力幫你修改。

認證以後的同事

一個學生畢業的資格檢驗過程，是老師認證畢業以後的同事。一個通過委員會口試資格畢業的學生，通常是你以後覺得夠格跟你至少同一個水準，或是做得更好的學生，也是以後的同事。所以，在批准論文時，是決定這個學生是否夠格畢業的時候，有些老師會以自己的標準來衡量，看這個學生以後的成就會不會跟你一樣高，來作為學生畢業的標準。

遇強則強。[1]

1 【編按】原文為Rise to the occasions.

第十一章

給新老師和未來高等教育工作者的建議

> 先當人——當個善良人先。
> 之後，再當個好的老師。好的管理者。

學生受到激勵的時候學得最好。好老師要以身作則（lead by example），當做領頭羊，帶領學生激勵學習。這一點和在部隊帶兵很像：幹部要求學生跑多遠，自己就要跑多遠；帶兵要帶心，如果一個人受到激勵，他就會不顧一切，勇往直前，做什麼都帶勁。

學生感受到老師的關心，會更有意願去了解、學習老師淵博的知識。（Students don't care about how much you know, until they know about how much you care.）

在西方社會，教授和教學是另一類的喜劇演員，只是兩者取悅的對象不一樣。在課堂上，學生像觀眾。這些學生同樣是交學費如持票入場聽你演講，看你表演專業；差別是他們可以不鼓掌，趴在桌上睡覺，而你可以把他們當掉。

> 最引人入勝的學習素材是用笑話來教導的。越好笑，學習的效果越佳。（The best ideas come as jokes. Make your thinking as funny as possible.）

加強工具語言，包括英文的表達。工具語言是你那個學門做學問的語言，這是以後社會人士評量你受教育的價值和質量的重要依據之一。其次，語言只是表達的工具。但溝通的效果，不是取決於溝通內容，而是如何說。it's not what you say, it's how you say it. 如何加強英文，可以參考後面一篇有對這個問題比較深入的探討。

發表研究結果很重要。在大學教書的老師出版的刊物，就是自己的學養和名片，也是申請研究經費的基準。英文說publish or perish 就是說身在學界，沒有發表，就準備從學界消失的定則。此外，要重視發表品質，不要輕易的發表：一個發表的作品和論文，他就永垂青史，永遠留在那裡；好事者永遠可以用你發表的內容和立場來質疑你，所以也不要輕易的撤回（retract）發表過的作品，以免日後有人質疑你的學術水準。另一方面，發表的東西也是一種可以轉移的，可以隨身攜帶著走財富（portable wealth）的專長。這表示你有寫作的潛力，會研究發展的技能。但是可以轉移的技能（transferable skills）同樣重要。

師生亦師亦友、亦諧亦莊：教授和學生是合作，也是對立的關係

合作的關係，因為你是你們團隊的一員，這團隊可以一起來解決一些對問題和學問的疑惑。老師和學生的關係，很大的因素是建立在用分數來印證知識的取得。學生要找到經師業師。經師是可以做為學術標準諮詢的老師，業師是實務經驗的老師。這些也是可以在你畢業了很久之後，還能夠回去找到他們，幫助你專業上的成長。

對立的關係

是因為學生要透過教授來驗證而取得他的學分打分數。打分數這一點就是一種權力不對等，對立的關係。老師永遠要記得和學生要保持適度的距離。在美國的學術界直接稱呼老師的名字（on a first-name basis），表示親密，有些人喜歡有些人反對，我是後者。這樣叫老師名字用來表示彼此比較沒有距離的師生的距離。這有好有壞。我的做法是學生稱呼我是某某博士，這樣做多年來我覺得比較適合。因為這是我努力讀來的頭銜，同時讓學生知道說，你對他好對他關心，不是因為彼此是朋友之間的關係，而是因為他對學術的努力，對學問的求知，所以是對他這種態度的鼓勵。

注意和學生的關係

特別是異性學生的關係。這沒有發生在我身上，但發生在很多我非常尊敬的老師的身上。如同俗語所說的，英雄難過美人關。因為老師有打分數權，大部分學生會去達到課業標準，但有些學生可能會不擇手段，以得到你的分數！多年來我學會了以下的作法來保持和學生的適當距離及彼此尊敬。比如說，和學生討論的時候，在辦公室裡最好把門打開，讓外面可以看進來的程度。不要坐下，能夠站著說話時候講話就請站著說，不要坐下。老師這樣做可以表示對學生的尊重，學生也會了解。

據我的觀察，有習慣性和學生之間發生感情關係的老師，對自己專業感（Professionism）的要求偏低，道德界線掌握不足。通常有一就有二，然後會接二連三習慣性發生。最好避免的方式，就是完全不要讓感情有一絲機會，可以發展！

溝通與學生相互的期待

老師跟學生可以成為朋友，可是要在學期末給分數之後。如果和學生在給分數之前成為朋友，你可能就沒辦法持平地給分數了。理由很簡單，你和學生成為朋友之後他會有朋友的期待，比如說互助或私人關係，這些期待會延伸到你給他作業打分數上，給他學期末的給分的分數上。另外一點，對朋友你不該對朋友打分數，比如說給他不及格的分數。要是給他不及格分數之後，可能你們就不是朋友了。所以，在此強烈建議，老師跟學生可以成為朋友（或加入臉書或Linkened朋友），但是要在學期末給分數之後。

相同情形，回到國內教育界服務，經常收到學生從家鄉帶回來的禮物，食品；論文答辯場合，學生準備的食物；和學期末的謝師宴。為了降低期待，也為了避免被理解成有對價關係，而對結果構成不當影響；而對沒有提供這些「好康」的學生不利，這些禮數，能免則免。

讓學生知道給分數的時間

永遠要讓學生知道什麼時候會得到分數。有些學生喜歡學習，有強烈的學習求知慾，但是他們也相當重視分數。畢竟這是他們修學分為求學分的主要動機。因此，一定要讓知道分數什麼時候會得到。也幫助他們了解學習的進度。

學期後或畢業以後保持聯絡的老師

真正成功的好老師，是學生在你上完課學期結束，給完成分數後，學生還會回來找你，和你討論學問，這是真正成功的老師。如果學生對你的態度，在學期前後給分前後差別很大，這些學生，很可能只是為了分數，在學期間對你好的學生！

第十二章 高等教育改革的起點

台灣不缺乏從國外留過學，回國服務的教授，缺乏的是那些，能夠展現先進社會理念價值，教育良心的教育工作者。

總統當選人蔡英文，最近在她教育改革的提案裡，宣布了一個計畫，以幫助台灣的應屆高中畢業生直接進入勞動市場。這項改革措施，包括教育金儲蓄賬戶，挹注政府的助學金補助，以及彈性的工作時間，與福利與補償。這種助學形式更能幫助年輕，但沒有財力能夠付得起大學學費的學生。此外，讓有工作經驗的學生接受高等教育時更有目標，更成熟，更能夠實踐理論，應用知識與工作之間的關係。

這些教育改革，雖然是很小，卻是很重要的起步。這些將有助於，改變目前逐漸失效的教育體系，創造一個更公平的公民社會。不過，教育改革不是，也不應該，只被限制成為準備就業的職業訓練所。一個更根本的問題，在於我們的學校是否準備學生去面對逐漸複雜，充滿變化的社會。因此，我們的教育體系需要補救。讓我們看看以下兩個例子：瘋排名的迷思，以及教學和研究的平衡。

瘋排名迷思

台灣社會對排名瘋狂似的著魔，認為排名是優秀的指標，這是一個長期存在的迷思。許多家長爭相把子女送往排名最前面的學校，研究人員也爭先恐後將他們的文章投稿到頂級的同儕審核的期刊。不幸的是，這個瘋排名的心態，並沒有幫助台灣教育工作者在社會上發揮建設性功能，讓畢業生做好準備，迎向未來社會的挑戰。因為，這樣做對學生，研究者的創造力和獨立思考，並沒有太大幫助。可惜的是，那些對體制不適的失敗者，或被教育系統所淘汰或放棄者，往往不情願地離開，自我放逐，最終導致被邊緣化。甚致發生憾事。

例如，台灣的學術界強化倡導排名崇拜的迷思，具體展現於要求以SCI／SSCI同儕審核期刊出版品（自然科學索引和社會科學引文索引，統稱為"I"期刊雜誌）為學術成就的標準。極具爭議，沒有法源依據基礎下，學術界將這些期刊出版品當成學術成就，以及研究補助金核准的標準（例如，由科技部的研究補助要求列出I雜誌刊登數量）。

前教育部長蔣偉寧黯然下台，因掛名與其之前導生用冒名審稿的投稿期刊雜誌。只是這個被扭曲學術巨塔的冰山一隅。

這樣獨尊I期刊的做法，選擇性忽略了其他數十種可公開取得，免費的期刊索引。首先，台灣學界獨鍾支持湯森路透公司（Thomson Reuters，I期刊資料庫的創建公司）。這個廠商有權控制兩個索引收錄的期刊和出版社。這些出版社有的索取高昂的出版費。這裡有潛在的利益衝突，圖利特定廠商之嫌。

其次，I期刊收錄的應用科學期刊，有選擇上的偏見。如眾所周知的，SCI以選用基礎科學為主，選用比較少應用科學期刊。

最後，這種做法鼓勵學術界的裙帶關係：一些「榮譽」資深作者借名給其他作者掛名來發表，從第一作者的作品沾光獲利當共同作者，以後這些共同作者再互相掛名。基本上，這是個利用關係的彼此抓背搔癢（*Quid Pro Quo*）：決定投稿的稿件是否被接受刊登，並非取決於文章的深度廣度，而是取決誰在審稿，或作者認識誰。

現行期刊接受與否的標準，以及用這種期刊索引來決定學術成就的做法，顯然是行不通，應該立即檢討的。台灣學界應該考慮的是，讓專業協會和領域專家來決定推薦專業期刊。此外，應該採用免費，公開的開放投稿的期刊。例如，美國MEDLINE醫學索引目錄的期刊，由美國醫學界共同推舉決定。

廢除單以SCI/SSCI 期刊為研究補助或升等標準，讓各領域的專業協會或領域專家來推薦同儕審核期刊，是高等教育的轉型正義最後一哩路，也是改革的起點。

教學與研究

在台灣的高等教育難得鼓勵優秀，用心的教師。老師們常被要求衝論文篇數，拼卓越，搞頂尖；他們會被有意無意地，感覺被善意地提醒，不要花太多時間在教學方面，因為對升等沒有太多幫助。

今日的教育改革，我們所亟需要的，是在於教學和研究之間取得平衡。一個教師，同時教學或研究的角色，可能無法同時做好。教師的考績稽查，必須包括教學評鑑，教學成效必須被採用實質比例，納入衡量升等與否的標準。正如許多美國大學已經在做，可以考慮分開獨立的研究（research-track）和教學（teaching-track）兩種師資，讓教師選擇為其中一類，能夠做到最好的類別發揮。不能指望同時兩者都做好，因為兩者都做好很難。

在這個新的，轉型的時代裡，學生們必須思考當代的社會問題，如台灣的歷史，和中國大陸之間的關係。年輕一代被期待能培養運用批判性思考。學生應該接受訓練，以理智思考取代反對意見，這不僅是透過闡明問題，而是通過研究解決問題的辦法。當傳統智慧被挑戰時，為了激勵課堂上互動，教師應要求學生在每堂課提問問題，並提供意見，作為獲取課堂參與的分數的基礎。這樣做將有助於促進積極參與的文化，對畢業生未來有意義的公民參與，有正面意義。

原載於英文《想想論壇》，二〇一六年三月七日。[1]

[1] http://thinking-taiwan.com/in-education-reform-the-basics-matter

台灣的競爭力與國際觀

擁有國際觀（Global Mindset）指能使用不限於單一國家、文化內涵來理解人事物。
不用出國，如何從教育培養到國外才能得到的國際觀，與就業競爭力？
如何和多元族群相處？
在西方社會工作勝任愉快的撇步？

培養競爭力與國際觀，
不是一味比會說英文；
強化競爭優勢，
是幫弱者點燈，
幫助迎頭趕上。

第十三章 人生馬拉松

到任何場合都要穿著舒適的鞋子。因為你永遠不知道，下一個時刻，什麼時候要跑路。[1]

這句話的另一個意義是說，跑步運動，儼然已經融入西方人，生活的習慣當中了。

歐洲中古時代，文藝復興的俠客（Renaissance man）崇尚文武雙全，左手拉弓箭，右手秀文采。在國外教學，也發現學生之中，功課好的，運動體能也都不差。這才能態領悟，近來興起的全人教育，如蒙特梭利等尊重獨立及生活

[1]【編按】原文為Always, in all circumstances, wear comfortable shoes. You never know when you may have to run for your life.

的教育方式，原來已深化西方傳統日常生活。西方人早把運動結合為生活教育的一部分了。

在美國的日子裡，我經常會在每年生日的那個月，搭飛機到一個新的城市，參加馬拉松賽事，順便慶生。曾遇到退休長者，說他昨天剛從外州跑完馬拉松，今天在我參加的這個城市跑，明天又飛到另一個城市跑。西方社會的年長者所展現的旺盛生命力，即使退休後仍然持續超強行動力，依然如此令人動容。

以往在台灣成長時期，總想把自己訓練成現代的唐吉訶德，允文允武。年少時寫作之餘熱衷長跑，過去十年來，在美國和台灣跑了幾次的馬拉松，從準備到實際跑馬拉松的過程，學習到可貴的人生體驗，得到很多樂趣；汗流淋漓之餘有山間的涼風輕拂，享受竭盡體能之後的舒服快感。

台灣這幾年馬拉松賽事如火如荼，在街頭巷尾也大受歡迎，蔚為風潮，真是比美抓「寶可夢」一般，熱門的全民運動。以下分享學習到的跑步人生經驗，希望給剛開始參與慢跑運動愛好者參考。

健康信念，跑步實現

在健康促進的理論中，有一個叫做健康信念模式：Health Belief Model：HBM。這個理論提供的概念，包含開始運動的動機，障礙，以及持續的理由。這個理論剛剛好可以用來解釋跑步中領略的人生道理：

對疾病的易感性（Susceptibility），容易感染疾病的傾向——包括先天的素質，比如說先天遺傳的疾病。害怕罹患某病可能會促使人開始運動。影星湯姆漢克（Tom Hanks）有家族性的糖尿病史。在他被診斷出罹患糖尿病之後，他的醫師建議他說，記得你年少時候的瘦巴巴的樣子嗎？如果你能夠減重回到以前瘦巴巴的樣子，你也許能夠積極改善，甚至從這個疾病恢復。據聞他最近也開始像在電影阿甘正傳裡面一樣開始長跑，祝福他成功回復他年少三比八時的身材，減輕病情。

生病所帶來的負擔，和要付出的代價包括不方便。生病嚴重（Severity）的後果勞民傷財，包括身體的病痛，失去工時，付醫藥費，拖累關心的人，包括家人；開始從事運動的障礙（Barriers），原因不一而足；包括方便性，習慣性，以及經濟上，或是主要引起投資自己時間心力卻步的原因。例如，很多人認為戶外運動麻煩，因此影響了養成運動的習慣性。如果覺得出去運動麻煩的話，可以利用走樓梯運動。一旦習慣養成之後，可能連一天不運動，都會覺得不舒服。

跑步時可能遇到的身心挑戰如下。並討論如何克服的要領。

雨天備案（Contingency Plan）：跑步的時候中途狀況不斷，下雨只是其中之一，但是下雨並不能使比賽中止，賽程仍要繼續。其他不能完賽的變數很多，例如撞牆——跑步中途遇到不可抗力的障礙，脫水，抽筋，吃太飽或吃太少引起胸痛腹痛等。你只能夠全力的準備，將這些變數減少到最低。但是也要適度理解降低期待。萬一變數出現時，要有備案（Plan B）。不要太堅持否則會造成不可逆轉的運動傷害，比如說肌肉傷害。這也是英文說的要 準備慶祝最好的，但要接受可能最差的結果（Prepare for the best, and get ready for the worst）。

避免肌肉抽筋痙攣。三個小時的跑步下來，長期肌肉缺氧很容易抽筋，一抽筋大概就沒法跑下去了。如果要完賽，不要停下來行走，通常要持續訓練，讓肌肉適應持續缺氧的狀況；建議參加半馬要訓練一個月以上，全馬要二到三個月。避免抽筋，跑步前一晚要睡眠充足，跑前要做足夠的暖身運動，跑的時候如遇抽筋，要適時按摩肌肉。特別是跑高度落差大，溫差顯著的路線。

肌肉抽筋時如果還要繼續跑下去（不建議，因為可能造成永久的肌肉傷害）：剛開始的時候可用腿部不同的部位受力，讓抽筋的肌肉休息，讓其他沒有抽筋的肌肉受力。比如說可以練習替換用腳尖或是腳掌跑來平衡受力，或是前頃用膝蓋關節受力，在練習跑步的時就可以練習用身體不同點受力。

覆蓋身體脆弱的部分。連續三個小時的跑步會對身體脆弱的器官（如胸部及鼠蹊部）摩擦脫皮造成傷害。建議正式跑時穿著運動員用的緊身運動衣褲，以及要貼膠帶覆蓋及固定脆弱的部位。

觸發開始跑步運動的動機（Cue to Action）不一而足。根據跑步實務體會的可能動機誘因如下。

更加了解自己身體的狀況：有一位跑友分享，說他跑完幾次下來讓他更加了解自己。我感受這是真的。跑步讓我更加了解自己的身體狀況，忍受度和極限。西諺有云：「直到我們看到自己竟然能夠完成的事，我們才真正了解自我的能耐」。（We don't know who we are until we see what we can do.）因為如果沒有遇到極限的挑戰，你不知道自己可以到達多遠的地方。

躲避危險。我上大學時送校園內的早報，剛開始練習跑步的動機，部分竟只是為了躲避送報紙的時候追出來的狗的攻擊。最後竟剛好養成了跑步的習慣！不管是什麼動機；黑機白機，只要讓一個人能夠激起跑步運動的動機，就是好的動機。

讓關心你的人不擔心。比如說你如果長住外國或異地異鄉的話，傳送跑馬拉松時的相片寄回家分享，讓家人知道你身體一切安好，可以完成馬拉松。這也是讓家人放心的方法之一。

在國外一般找工作，面談時負責面試的考官，對曾跑馬拉松的求職者會特別注意。因為他知道，全馬完賽要跑三小時以上。這位應徵者如果獲得錄取之後，萬一在工作上遇到挫折，大概不會輕易退縮，不會一下明天就辭職走人。

第十四章

馬拉松人生：計畫管理的人生

跑馬拉松是一種信仰，是以一步一腳印贏得認可，面對人生的態度。

跑馬拉松可以訓練自己的計畫執行力。如準備策劃人生的其他活動一般，像旅行，準備考試，婚禮等等，完整的跑完全程也需要密切的計畫。出去玩的時候，你要準備帶些什麼樣的衣服參加什麼場合，因應什麼樣的情形。準備什麼樣的食物，及協調計畫整個行程。

跑步也是一樣，而準備跑步的整個過程，幫助你策劃及執行完賽的整個計畫。跑步中的狀況，需要很多前置的思考與準備。比如說，全程的配速，坡度，什麼時候喝水、上洗手間，喝多少水不會不舒服，什麼時候肌肉需要按摩，跟上哪個領先群，以及何時需要開始衝刺。這些不只要用靠平時體力的訓練，更要花心思來準備。

跑步帶給日常枯燥的生活一些激勵。跑馬拉松的沿途，你會受到很多人的鼓勵，有茶水飲料供應，有志工的奉獻心力幫你加油打氣；有樂團的表演，也有公司行號的宣傳，整個過程好像嘉年華一樣，這些都是讓人在枯燥的生活裡，得到滋潤的泉源，讓人生更添加光彩。

慶祝人生：找一個讓自己跑步的動機，這動機可以是為了慶祝自己的生命（慶生），慶祝家人對你的關心，為了關心你、愛你的人，為了紀念一件值得紀念的人生事件。這種在公路上的跑步，和獨自在健身房的鍛鍊是不同的。西方社會有一個講法express yourself，跑步展現發光發熱的生命能量。充分表現自己的人生，如果你沒有這樣做的話，可能就沒有充分發揮人生給你的潛能。人生苦短，能夠把快樂和大家分享，享受別人給予的祝福，也是不可或缺的榮寵。

趕流行：那些剛剛看了歐陽靖寫的跑步書，開始摩拳擦掌，熊熊地被激勵起的不安靈魂。

不滿現狀，自我挑戰：人生不同的階段，不管現狀所不滿的是自己的體態，能力，和自信。或是那些被阿哪答歸類成三心牌者：在家安心，出門放心，想起來很傷心的夫妻。跑步瘦身，有效反擊！

享受樂趣：從跑步中得到很多人生的樂趣，包括流汗之後在山間吹著微風享受竭盡體能之後的舒服快感。

強化自我倡導意念（Self-Efficacy）：信心強化要經過不斷挑戰成功，才會得到確認。設定目標，全力去訓練，經過挑戰之後覺得自己可以達到這個目的，實現達到的目標之後更可以確定自己的潛能。

東西方社會都有一個諺語：「行百里，半九十」。英文說：“The temptation to quit will be greatest just before you are about to succeed.”這一點東西方人的智慧顯然所見略同。

一般而言，在正式比賽時，全程馬拉松完賽不停下來，至少要持續訓練兩個月以上。這一點因人而異，但是要能全程跑完是幾個要素的組合：剛開始訓練肌肉耐力，呼吸協調，配速，以及意志力。大凡一般人在自然狀態下，很難以自然力跑完四十幾公里的全程。跑前半段的時候靠體力，中途要靠耐力，堅持到終點跑完全程要靠意志力。

其中，意志力最難訓練，卻是最重要！最後半段能堅持跑完全程的不是比體力和耐力，通常是比意志力。前面所提到的意志力，例如參賽的動機，不管是慶祝人生，或是挑戰自己生命的極限，專注於一個動力，一定要勿忘初衷。

很不幸的，每年馬拉松都會有跑者猝死，或無法完賽。可能是這三力失去協調。特別是當跑者因一時興起，跑前沒有足夠，持續的訓練時。

要跟上領先群。如果跟不上領先群，通常會落隊，甚至會半途而廢，無法完賽。跑步時會有一些配速員（pacer），通常是由資深的跑者，曾經順利完賽的跑者擔任。這些配速員通常了解自己的速度和體力，舉牌標示著多久會跑完全程（例如四小時內）。初跑者可以試著跟上這些配速員，先求完賽，求有完賽再求好成績。

和人生很像，接近什麼樣的人，跟什麼樣的人交朋友，就會影響自己的表現，和是否能達成目標。

跑步所領悟的人生經驗：人生其實就像一個長跑的過程。記得呼吸。跑得上氣不接下氣，氣喘噓噓之時，要記得一直保持呼吸，有呼吸就有希望，就能持續前進完賽。

注意配速。和人生的道路一樣，剛開始跑贏，衝刺衝得快的，到最後不一定還能跑贏。所以開始結束，上下坡道，配速掌握好快慢節奏，很重要。

適應獨處。要訓練到單獨，但不孤寂。（Alone, but not lonely）

跑步的沿路上給你加油打氣，有人搖滾唱歌跳舞的跑道畢竟是有限的；美景佳人有時盡──大部分時間跑過山川幽谷的路途──還是要憑藉自己的訓練和力量，咬牙向前衝。所以要學會長時間跟自己孤獨地相處。人生的境遇也類似，比如說從事很多需要精通的專長，例如做研究，寫文章和發表，這些都必須長時間和自己獨

「如果忍受痛苦是必然的，躲不掉的過程，要把經過這過程的時間變得越短暫越好。」──台灣陸軍砲兵

處，和適應等待的必然。

人生無憾。讓人生沒有缺憾，把跑馬拉松放在你掛點之前要做的事（the bucket list）；在人生結束之前，至少扎扎實實的準備以及跑一次馬拉松！

> 不要輕易錯失承受痛苦。歷經痛苦才能達標。
>
> ——Katherine ann Porter.[1]

1 【編按】原文為Don’t sidestep suffering. You have to go through it to get where you are going.

第十五章

台美教育比較：用教育來培養國際觀——從第一出發

不需出國，在國內如何培養國際觀呢？我在美國過了半輩子，在此分享學習到的台美文化教育的心得，討論培養國際觀的方法。在此，要鼓勵讀者勇於接受自己，找到自己的長項利基，培養競爭優勢。

我在台灣求學時，中學階段有過兩個第一次，都和考試無關：包括贏得台南市論文比賽第一名，以及生命中寫過的第一封情書。

記得那年，我在高中時論文比賽得到了校內第一名，代表學校到台南市參加高中組的作文比賽，也拿了冠軍。這在當年學校裡是個大快人心，鼓舞激勵的事。那時的訓育組長王老師要我上台領獎。他在全校同學面前表揚我，而且大大的鼓勵，說二中創校以來，沒有幾次在台南市論文比賽裡能擊敗台南女中及台南一中的代表。他要我和全校同學分享秘訣。

我說：拿冠軍很簡單，不是我臭屁。除了我們學校的國文老師師資特別好，特別加強寫作以外，更重要的秘訣是，是因為參加比賽的那一週，我們期中考已經考完了，但是其他學校還在考，太努力太專注於學科了，所以台南一中及台南女中都沒有派學生代表參加比賽。所以，我就輕鬆拿到台南市第一名了。以上。

得獎的秘訣是，好好利用學校的教育資源。以及天時，地利，人和，缺一不可。

唸中學時，也是我寫第一封情書的地方。記得當時電視上演一部八點檔的連續劇很賣座，叫做「星星知我心」。裡面演大女兒的演員石安妮的演技真好，他在劇中辛苦地照顧好多的弟弟妹妹，看來賺人熱淚。演戲之外，他也在台北市第一女中念書。一面演戲一面讀書，真是非常難得，非常辛苦。

我看了電視劇深受感動地不得了。這麼優秀的演員，值得代表各種同學給予肯定及鼓勵。因為我那時擔任校刊青年社的社長，所以就以我青年社的名義寫了一封文青並茂的信寄到北一女，給予嚴重的肯定。因為聽說北一女的英文很好，我想石同學的英文太好，怕她看不懂中文，我的信還特別用英文寫。

重點是：Dear Annie: We love you long time！

盼了一個月後，終於接到教官室代轉來的回信，是來自北一女教官室。略曰你是第一零一位寫信來肯定石同學的別校學生，可是你的內容好像不是We love you long time，而是 Me love you long time!希望你好好讀書云云。

於是，我的少年時期的第一封情書，就此慘遭已讀不回，一段可能驚天動地的戀情，還沒有開始就結束了。滿腹相思都沉默，只有桂花香暗飄過。

學好英文和寫作，是初戀成功原因的一半因素。

想到第二志願的生活和年少的記憶，就會興起一陣酸甜在心頭。

接下來，談的是比較台美的教育實務。台美之間教育有明顯的差異，和培養國際觀的方法也有不一樣。

首先，兩邊教育都是提升社會公平，幫助社會階級流動。因為學生來自各種不同的背景，社會經濟情況的家庭。特別在資本主義社會，社會階層明顯，富者越富有，貧者越貧。因此，透過接受教育的功能，來自比較貧窮的家庭可以向上提升，有比較好的生涯機會，幫助社會階層流動。

除了相同的地方以外，台灣和美國的教育文化也有很多不同的地方。這些地方包括：

尊重多元文化

社會上眾多的多元現象中，左撇子是一個明顯例子。美國文化是一個尊重左撇子的社會。美國的課堂上，通常有左撇子專用的課桌椅，以供左撇子學生上課和考試可以用。天生左撇子的我，在台灣常被當成少數異類。生活上絕大部分的用品，也都是開發給習慣用右手的人使用。我上課的時候觀察發現，超過一半的學生都習慣用左手；在一個社會不刻意去矯正的情況之下，美國這個社會竟然用左手的人比用右手的人多。所以並沒有左撇子問題的存在。大眾設施，運動器材也有很多是專門為左撇子的人準備。近年來的美國總統都是左撇子，由此看來並不令人詫異。從雷根，老少布希，柯林頓到歐巴馬總統，都是左撇子。

在這個多元化社會學習和服務也影響了我教學的作法。所以我在教書的時候，也通常順著學生天分的發展，從旁誘導，不去刻意改正學生不同的地方，而是鼓勵學生發揮既有的學識更上一層樓，讓學生可以增進他帶進來課堂的生活經驗或專業知識。因為這是一個互相尊重，接納多元化的社會。

台灣有不同族群，文化，宗教，意識及生活型態的居民。彼此也應該學習互相尊重彼此差異，異中求同。

問一個問題，給一個意見

國外上課課程，通常有一種分數是計算課堂參與的成績，叫做Class participation grade。這個不是印象分數，或出勤分數。這是真的要參與課堂討論才能獲得，鼓勵學生預習所上科目的分數。所以，我要求修課的學生，特別是來自台灣的學生，每一堂課，要訓練自己問一個問題，給一個評論意見。

訂定明確的獎懲，來實施這個課堂參與的規定。每個達標的學生，給食品來鼓勵，學期末頒發自我挑戰獎（Above and Beyond the Call of Duty, ABCD

Award）來鼓勵自我，要求，超越自我的學生；人民選擇獎（People's Choice Award）同學互相票選的搬上最佳模範生；以及全勤獎（Full Attendance Award）。我經常抽點坐在後排那些上網的學生起來，回答問題或給意見。

因為美國的學生，不管他懂不懂或有沒有準備，都會問問題或是給意見。所以國際學生，講話比較慢的，要爭取時間在他們問問題和給意見的空隙的時候，要把握時間問問題，或是給意見。

正面積極的思考

國內近來逐漸有全英文教學，有些真的只是用英文教學，卻忽略了西方教育方式，尊重人，以人為主體的精神。例如，西方人說，如果這不是一句好的話，如果不是提升人心正面的話，就不要多說了。英文說 If it is not a good word, do not say it。例如：

西方社會英文口語用法有些是比較正面的：比如說，外國學生叫 international，不是叫 foreigner；不刻意去強調本土，國外。這樣的意義是，即使是真的來自國外的，不指稱是外國，而是具有國際觀的，可以幫助這個社會提升國際文化的資產。

另外，即使是受到一點小恩小惠，他們經常說，我很感激 I really appreciate it。

如不是確定或不贊同時，選擇不用否定的表達，I do not think so，不說 我不認為如此，而是說我不確定I am not sure。總之，選擇使用正面的語句，儘量避免用負面或是極端的用語。

書裡找答案

西方社會的老師，經常教學生怎麼去找解答，而不會直接給答案。所以有問題去問老師的時候，最好事先做功課，先找答案，拿著答案請問老師，看這樣對不對。因為老師可能會要你上網去Google查，或是只給你一本書，讓你自己找解答。

這樣做有兩個的意思，一這並不是他沒有時間回答你的問題，而是因為如果你的問題就在書本裡面，他還花時間跟你講了一堆，這樣反而表示侮辱了你的智慧。另外一點，這是先發制人（pre-emptive），避免後患。這樣做是因為如果你要一條魚的話，他給你一張可以補到魚的網，這樣以後你要再需要魚的時候就可以自己撒網去捕魚，可以不會再來煩老師。給你一本書，讓你去找答案，訓練利用自己的理解去瞭解你的問題，不失為一個好辦法。

加強工具語言，包括英文的表達

工具語言是你那個學門做學問語言，這是社會評量你受教育質量，的重要依據。其次，語言表達的一個迷思是，語言只是表達的工具，會說國際語言並不代表具有國際觀。英語說：你怎麼說，比說什麼說得好不好還要重要。It's not what you say, but how you say it。對日常生活的態度（見本篇最後），才是國際觀的體現。

尋找經師業師

經師業師（Mentor and Advisor），是學科術科人生導師。經師表示你學科的老師，業師是術科的老師。還有一種老師，是你人生道路上給你意見的老師。這些老師，在求學的階段早點找到，越早越好。這些是在你畢業了很久之後，還能去找到他們，幫助你專業成長。

處理和學生之間的分際和期待

老師學生保持適度的距離。在美國的學術界直接稱呼老師的名字（on a first name basis）。這樣叫老師名字用來表示彼此沒有師生的距離，好像朋友一般對待。

可是這樣做有個矛盾，令人困擾。朋友之間大概不會互相打分數，或互相打不及格的分數。老師跟學生可以成為朋友，可是要在學期末給分數之後。如果和學生在給分數之前成為朋友，有可能構成利益衝突，你可能就沒辦法持平地給分數了。因為，你和學生成為朋友之後他會有朋友的期待，比如說互助或私人關係，這些期待會延伸到你給他作業打分數上，給他學期末的給分的分數上。對朋友你不該對朋友打分數，比如說給他不及格的分數。要是給他不及格分數之後，可能你們就不是朋友。建議老師跟學生可以成為朋友，或加入臉書／Linkened，但是要在期末給分數後。

在國內不必出國，其實也可以培養國際觀。可以先從自己日常生活做起。在日常生活裡，對人的尊重，可以一步一步來改變台灣文化。比如說：

搭公車或買票時耐心排隊，勿插隊；
走過別人面前，打噴嚏，打嗝時，有可能冒犯了別人生物領域時，要道歉；
在公共場所時要輕聲說話；
行駛交通工具時，不逆向行駛，不超越斑馬線，不闖紅燈；
與人約定時間，準時出現；
上課時，或與人講話的時候，把手機關掉，不要滑手機，講電話或回電子郵件。

這些看來都是小事，但是都是已開發國家人民每天都都視為理所當然的行為。我們自己的生活環境及習慣做起，也許可以幫助這個社會更好，提升這個社會的國際觀。

二〇一五年一月於國立台南二中禮堂明德堂

第十六章
到美國工作生活：適才適所

要喜歡你做的工作，把事情做好。工作上真正勝任愉快的人，在今天這個時代可說是鳳毛麟角，很少見到惹。

——美國演員強史都華[1]

常常有學生問到，究竟應該要出國，或是留在台灣發展。因為改變別人的生命軌跡是件很可怕的事，所以我不會給一個標準答案的建議。有些人個性適合在台灣發展，有些人有居留在美國發展的特質。這一點與個人的人格特質有關，不能勉強。

[1] 【編按】原文為Love what you do. Get good at it. Competence is a rare commodity in this day and age.

不過有人說，如同你找到你的阿娜答一樣，你遇到了，感覺到了，就會知道適不適合。我覺得適不適合到國外，與人格特質有關。大凡一個比較適合在國外發展的人，可能有以下的幾個特質：

- ●曾經且適應離家在外面生活。
- ○個性樂觀，遇到困難較願意正向思考。
- ●喜歡冒險，願意接受新的文化，觀念，想法的衝擊。
- ○喜愛戶外運動多於在室內的休閒（如唱卡拉ＯＫ的活動）。
- ●講話的時候手不喜歡背在後面或是立正手貼好，喜歡比手劃腳。
- ○左撇子，如果想要當美國總統的話。
- ●用說的，用手操作，或是應用的，比應付考試來得擅長。

有一項或多項這些人格特質的人，可能會比較適合在美國發展。選擇在哪裡發展應該是要是適性而為，得意且盡歡；行到水窮處，坐看雲起時。

但要提醒的是，在美國工作生活，要準備每天面對無所不在的競爭。每天早上睜開眼睛，就要跟來自全世界一百多個國家，很頂尖的、來自全世界各國最好的人才一起來的競爭，用英語和他們競爭！所以決定要在美國工作待下來，就要養成面對來自全世界同行競爭的心態。

在台灣工作和在美國有什麼差別？我在台灣找工作，最常被問到的問題，也是長輩們所特別關心的，包括賺多少錢，有沒有結婚，年紀多大，是不是公民等。還好，這些問題在美國工作面試，幾乎都不是問題，也不能是問題。因為雇主依法不該問，也不能問。在美國工作有個好處，法律保障你的權益避免被歧視，依法與工作無關的一律不可問。雇主面試的時候不能問你的婚姻狀態，年紀，國籍和身分（除非非法居留）；工作也不會因為婚姻狀態，是不是公民或是年紀受到不同待遇。台灣的就業服務法第五條也有類似規定，只是執行不彰。另

圖為我在加大法學院同學十五人，五種顏色的人種，來自代表美國十州，新移民來自七個不同的國家。競爭果然是無——所——不——在！

外，在美國工作大部分不用打卡，全看績效。以下分享在美國工作，於不同職場生涯所學習到的經驗。

赴美前準備階段

有人問到，在台灣的時候要怎麼樣準備，才能在美國和當地人競爭？在來美國之前有三個方面可以加強：語文，電腦能力，以及學習英文做研究的工具。

首先是關於英文語言方面，要試著加強說聽讀寫文字掌握。比如說多聽國際社區廣播電台的整點新聞，到全英文的環境，比如說國際演講協會的演說訓練（TI）；另外要加強閱讀的能力。加強閱讀的能力，並不只代表考試成績好考試考得好；托福TOEFL和研究學力GRE/GMAT的成績考高。有很多成績好的學生，來到美國之後沒法跟人用口語交談，無法上課帶課當助教，反而受到指導老師教授質疑成績，使他們對成績高的申請學生特別提醒有戒心。所以近年來，通常有教授要透過遠距 Skype面試的要求。

要應付這些語言的需求，要把英文融入到日常生活中。生活中習慣的用語，是在課本上學不來的，只有把自己置身於全英文的環境裡面才能學習到。多看英文報紙和期刊雜誌也會有幫助。

很多用英文不是母語的人常會有一個問題：說英文有口音怎麼辨？口音大家都有，只是輕重的程度不同。有幾個方法來改善：

首先，講英文的時候講話的速度要放慢，尾音要拉長，比較容易辨識。此外，要善用五官和表情，比如用手勢，表情，和嘴型都要用到，要在時間內讓用英文為母語的人聽得懂，不要複誦。所以要把握不要重複的原則，可以善用電腦語音辨識軟體來幫忙改正口音。很多最近的電腦，包括蘋果的愛配IPad和最近的視窗系統也都配備有語音辨識。你可以用英文發音辨識應用軟體如何來改發音。不過長期來說最有效的方法，改正口音還是要多聽用英文當母語的人講的話，比如說聽廣播節目，和看新聞節目和英文報紙，專業雜誌。另外很重要的一點，講話的口音問題不太大，還有你講話的態度也很重要。英文說，it is not what you say, but how you say it。就是這個道理。

加強專業英語的能力。在美國，你如果自名校畢業可能會幫助你容易找到第一份工作，但是這並不代表你工作的競爭力；專業語言的掌握是別人判斷你教育水準品質的重要依據。為了改善英文和了解美國人的生活，我去參加Toastmasters, TI 國際演講會，完成了十幾個演講訓練。這是一個便宜又實惠（大約半年$20美金參加），不花太多時間的學習英文表達的場合。對日後用英文作簡報和演說很有幫助。在台灣也有很多學校和機構有這個演講會，每周或隔週聚會。

在國內，不一定要出國，有一些機會可以學到在國際場合可以應用的領導統御。比如說男生要服役，可以學習很多領導統御的機會。此外，大學的時候有一些國內和國外國際的社團，可以參與，比如說社團法人救國團有招考輔導員帶領美加營隊，和其他國際營隊，是全英文的環境，對適應國外生活有很大幫助。

其次是使用電腦的能力。比如說微軟的辦公室軟體套裝軟體，在美國常用的應用軟體包括試算表，資料庫，文書處理等等；在統計軟體方面，加強 SAS

和 SPSS 軟體的學習和資料分析。這些都是可以在台灣先練習的，加強來這邊之後的適應能力。最後一點要加強打字，打字要快。不管在課堂上寫筆記，寫電子郵件，用電腦查資料等等，都要用到電腦打字。

第三，如果是來唸書唸大學部或研究所的，最好先學習國際論文研究寫研究報告的方式。在國內唸書的時候，最好就要有一些在研討會報告，或是在國內期刊發表的經驗，這樣可以幫你學習一些發表的格式。比如說熟悉APA 格式文獻引用的方式，每一個專業的寫作方式要求也都不一樣，學習怎麼樣適當地引用文獻，避免抄襲。

剛開始找工作與在校期間

要提早準備。（Stay on top of things）

很多從中國大陸，或是印度來的學生，從下飛機的那一天開始就在準備加強他們的履歷，到處寄電子郵件和敲老師辦公室的門來找工作機會，增強他們的履歷 訪問全文。這些學生總比別人早就加強自己的履歷，提早準備未來僱主所需要的本職學能。你不這樣做也無所謂，因為其他種族以及其他地區來的新移民，他們會這樣做。因為很多新移民不一定有回家鄉的退路。

近年來我觀察到，很多從台灣來的學生，並沒有沒有像來自其他國家的人那麼積極，大概到最後一個學期才開始陸續收到他們要找工作的資訊。想想看其他人已經比你早了好幾年來做持續準備的事情，如何能夠與人競爭？等到想要畢業前一學期時才找工作，通常只能找到剩下來別人家不要的工作。不要等著被老闆要求離職，要想著工作有績效，被高薪挖角；或是工作不愉快的話，怎麼樣可以自主換工作把老闆辭職。這樣才是在美國工作的真正自由！

> 不要輕易妥協。你這一生中的旅程，只有這麼一次。
>
> ——Janis Joplin singer.[2]

---

[2]【編按】原文為Do not compromise yourself. You are all you have got.

薪事與態度

事業剛開始時要降低對薪水的期待：剛開始出社會的時候找工作，需要工作經驗，所以不要計較太多的條件，要先卡位。英文講說willing and able，如果雇主願意聘用的話就會和你談薪水的內容。所以面試我找工作剛開始的時候，要爭取先讓雇主喜歡你，覺得好相處，他喜歡你就會積極的和你談條件。切忌說剛開始就談很多工作條件，將會減少雇主對你的興趣。薪水不要討論太多計較太多，要看整個合約內容 package 給你的選項。談薪水最好給個合理範圍（比如三萬到五萬）給雇主做決定，其他考慮包括福利，當地的物價房價，激勵獎金，保險退休金等……等等，所得稅後（Take-home income）看最後的金額差不多就可以了。

態度要積極。在美國找工作，台灣人謙虛的態度，在西方社會不一定適用。美國的社會很講究包裝自己，推銷自己的才能。包裝和推銷，幾乎跟實力一樣重要。台灣人謙虛的態度，要改成往正面思考的方向。比如說，雇主在面試的時候問你會不會使用 MS Office 微軟辦公室系統，如果你並不是整個Office

都不會用，如果只會用部分的軟體，要強調說你會用的部分，比如說是文書處理，比如說會用試算表或資料庫。儘量去理解和表達說你會的部分，和去淡化不會的部分。你所遇到那些看重你的長處的人，或是忽略你的缺點的人，你就有可能會被給予機會。如果你不這樣做，那就很可惜。很有可能其他的申請人，或你的競爭者都會積極地這樣做。

第十七章
到美國工作生活：工作達人的秘辛

推薦函，非只是介紹信

要找到一些可以寫推薦信（Recommendation letter）和介紹信（Reference letter）的人：在唸書的時候就要開始想到那些你日後可以幫你寫推薦信的人。通常表現好的時候，會有推薦信；表現中等的時候，會有介紹信。推薦和介紹信分成學業上課時候的老師，或專業的主管或是同事。不管如何一定要及早找到一些可以寫信的人。而且推薦函介紹信的人，必須要有公信力。最好是學界和業界各有一些可以幫你寫信的人。

推薦和介紹人最好找你要找的工作當地的介紹人。因為你的雇主不只決定聘用你，也連帶想運用你能夠帶進來工作的關係，也要知道你的事那些有影響力的人，也許要借用他的影響力，這種關係在學界要申請經費的情形特別明顯。

開始工作

好工作的指標：最好的工作，是你發現老闆好相處，你願意為他工作，而且老闆充分的相信，你的能力讓你獨力管理你的業務，充分授權，當你有機會升遷。找到對的工作，每天高興地上班！

All suffering is caused by being in the wrong place. If you are unhappy where you are, move!

——Prof. Timothy Leary.

要發掘自己的利基：利基（niche）是別人沒辦法取代的專業特長。最好是一個到多個項目的專業，比如說電腦＋會計＋統計分析，比如說專會專門的軟體，這些都是你的利基，別人沒有辦法取代的專長。要去發展一些可以轉移可以帶著走的技術（transferable skills）。比如說某項電腦的軟體，這可能不是帶得走的技術。但是學習怎樣分析數據，比如說統計和會計，這是可以帶著走，跨學門的技術。

約僱和長期的合約：美國的合約大部分都是約僱（at-will contract）性質。這種約僱性質的合約沒有保障，雇主隨時可以解雇。經常前一天決定解雇，隔天就不許上工作用的電腦。另外一種合約有標明工作的期限（term contract）比如說一年到數年，這對工作是保障雇員，所以雇主不能夠隨便解雇員工。在學校的教師，和專業運動比賽的聯盟大部分是這樣的合約。如果工作年資，有一定的資歷後，可以爭取比較長的合約，比如說三到五年的約，這樣比較方便人生規劃。

問薪水範圍：要跟雇主問薪水的話，不要只問一個固定的數字，要有一定的範圍（range）讓老闆可以取捨。比如說你的理想年薪是九〇K的話；要問年薪水的範圍，比如說八〇K到一〇〇K的年薪。

找到自己的饅頭＋咖哩（mentor and colleague）：在美國工作，分工合作很重要。因為分工合作的專門性，你要找到饅頭和配咖哩。剛出社會要找到自己的饅頭（mentor）就是工作上可以給你意見的良師益友；工作一陣子之後要找自己的咖哩（colleague）這是可以合得來工作的夥伴，可以一起吐槽老闆，是可以跟你共同在事業上一起成長的同事。

為下一個職位而努力：在美國很常聽到的一句話：「你不是為了現在的工作而工作，而是為了下一個職位而工作。」（"You are not working for your current job, but for next job."）你的下一份工作想要什麼樣的薪水、職位，在現在的工作上就要去建立你個人的品牌，用你自己的作品集（portfolio）去證明：你工作的品質有那樣的價值及待遇。胡適曾說：要怎麼收穫，先那麼栽！

如何在同一個工作待得久

工作事業通常會經過三個階段：剛開始為求生存，事業中期是為了生活，事業的後期是為了養生。事業初期是為了生存的時候，不要太計較，哪裡事業的機會好就往哪裡去；中期為了生活，你有條件可以選擇自己要在哪裡生活和養家。至於後期為了養生，你要找一個適合你退休生活，可能生活步調較慢的地方。

待在同一個職位的時間：在美國工作，大部分的人想著要怎麼樣進到薪水比較高工作。不像在亞洲國家或台灣一樣，一在工作上一個職位待很久。每三年的時間就可以換下一個工作。因為三年的時間你就可以瞭解，這究竟只是一個工作，需要有人消化工作；還是一個事業，值得長期投資心力和時間。工作只是有事情在那邊需要有人做你，而你剛好是那個人，所以你的地位，是可能被取代的；而事業是一個長期的工作，老闆會在你身上投資，你也有機會在工作上得到自我成長，順利升遷，實現自我。

克服工作的障礙：內在障礙通常是自己的弱點，像是文化，語言障礙，獨處。在國外生活經常會遇到困難，面對問題，正向思考很重要。想法要積極正面，有機會就要去爭取嘗試。

學會和自己獨處：適應自己獨處，但不會寂寞（alone, but not lonely）。另外，要跨出自己的種族，或是舒服的生活圈。參加社團，融入當地的生活。

第十八章

培養具有台灣特色的國際觀

培養具有台灣特色的國際觀，並不只是口語講得流利，或是英語的表達能力好，也不是不是學習西方的樂器藝術，或去過哪些國家短暫遊學。

英語說，“It is NOT what you say, but HOW you say it.”有效的溝通不是指完全有沒有口音，而是看你如何描述。怎樣表達，才不會冒犯到其他國家文化。

有國際觀是指具備國際的視野，想法有國際的觀念，但是做法是落實在本土日常生活裡面；可以展現歸根結底對文化的熟悉，表達合宜，了解什麼可以說和做，什麼不適合說，或不適合做。也可以說是了解別人的口音；國際觀是一個文明的展現。有國際觀的人懂得自己的競爭優勢，對自己的文化不卑不亢，自信、而有尊嚴。有些其他文化的表達，與我們直覺的理解，可能步同。代表著不同文化的肢體語言，在不同文化意涵，代表了不同的訊息。

搖頭是點頭

我指導過一些來自印度的學生，要他們修改論文時，他們一直搖頭，口中念念有詞，好像不同意我的建議修改。一問之下，才知道他們的搖頭，其實是我們理解的點頭、認同。嘴巴裡喃喃自語，也許覺得對我的建議嘖嘖稱奇，讚不絕口的意思。

手勢

祝好運的手勢在美國是交叉的手指（Fingers Crossed），但是在越南，這個手勢可能會冒犯人：手指交叉指的是女性的私處。

教授或性工作者

Professor在美國是指教授，在印尼是稱教授是叫做Pro.，但是Pro在美國是雙關語，也指是性工作者（escort services）的意思。因此，即使是搖頭，手勢或慣用語，於一個文化可能是習以為常的表達，在其他文化可能會冒犯人，不得不慎。

選擇有利基的職場

"Choose your own battle. Fight the good fight."

人生是一連串選擇的組合：不只要選擇自己想做的，也要選擇值得利用自己時間的。

每個人都有利基（Niche）：這是你獨特的專長，別人無法取代的專業。利基是你的競爭優勢，也可能發展成永續的競爭優勢。

舉個例子。我的專長是醫療政策管理：在教醫務管理時，我會問學生裡面，有多少人具備醫事背景？一班不到一半的學生舉手。

我接著問，那不是醫生如何來管理醫務人員呢？答案是，可以學習精通一些非醫務人員要會的管理專業。比如說：學習會計，資訊，法律，統計，和研究法，寫文章。這些都是利基，這是醫師不一定熟悉的領域，或太忙而沒空學習的專業。會了這些專長需求增加成了go-to person專業達人，不二人選。這樣別人會產生信賴感，依存感，這樣來建立專業領導的威信。

永續的競爭優勢（Sustainable Competitive Advantages）包含了以下要件：

●有價值的 Valuable；

○稀有的 Rare；

●模仿代價高 Costly to imitate；

○無法取代 Non-substitutable。

台灣可以永續經營的競爭優勢。基於剛才討論到的這些強項上，建立在台灣競爭優勢上的文明生活（Civility）。

文明意指適當地對待同胞，特別是陌生人的公共空間。也指容忍對待陌生人相同的道德群體，把對方當作道德的相同者以同等來對待。

和台灣周圍的亞洲國家做比較，具有台灣特色的文明生活是有獨特價值的；是稀有的；是模仿代價高；是無法取代的。問問鄰近的香港澳門，可能就會得到肯定台灣社會這種文明的答案。

文明社會也許與經濟發展人民所得有關

比如說，去年台灣的人均所得約兩萬三千美元，與美國德州相當，約整個美國的百分之四十；根據世界開發銀行2015年數字，美國年人均所得約有五萬五千美元。中國大陸則是八千美元。這三者間，經濟發展相隔了二十年左右。

文明的生活方式：也是國際化社會的生活方式。例如：

●尊重個人私人空間，走過人面前說excuse me；

○進電梯，上下捷運時，讓出來的先行；

●噪音（如放鞭炮），抽菸，燒香燒冥紙等儘量不要影響他人為原則；

○開車遇紅燈，斑馬線時完全停止；

開車閃大燈的意義，東西方大不同。開車閃大燈頭燈，在國外是，我看到你車，我會注意讓你先過。在台灣開車閃大燈頭燈是表示，你不要來，我要先過。

公車幾乎都會準時到，不會誤點或是過站不停。公車會等待旅客（尤其是長者）坐定位了才開動；工作一定要簽合約，工時依照合約走，逾時加班必付加班費。

具有國際觀的社會，公民的作法

文明社會具有包容性，尊重多元，鼓勵正面的表達與尊重不同意見的表達。這種社會的公民行為關心陌生人，並舉發違法者。

（一）有國際觀的社會有比較正面的表達

用比較包容（inclusive）的用語，不會分內外。比如說，會說國際人士 international而不是外國人foreigner；對國際勞工，會說是移（民）工 guest/migrant worker，而不說是外勞 foreign labor。

尊重每個族群。不會刻意去分客人主人，本省外省。不刻意去強調本土，國外。這樣的意義是，即使是強調來自國外，卻不強調是外國，而是具有國際觀的，可以幫助這個社會提升國際文化的資產。

（二）有國際觀的社會，口語表達充滿正面能量

如不是確定或不贊同時，選擇不用否定的表達。對不懂的事會說幫我了解，不會說「我不曉得」（Help me understand vs. I don't know.）；我不覺得時說我不太確定（Not Sure vs. NO, I don't think so.）

總之，選擇使用正面的語句，儘量避免用負面或是極端的用語。

國際社會經常把感謝掛口頭上。即使是受到一點小恩小惠，他們經常說，我很感激 I really appreciate it。

（三）遵守法治重於關係和人治

工作一定簽訂有工作契約。準時上下班。工時超時加班工作，可領兩倍薪水。沒有責任制（因為保險沒有擔保下班後的時間。如不幸於加班時間遇到職災沒有賠償）。

避免有工作資格以外條件的歧視，例如基於生理年齡，關係／認識的人，國籍，婚姻狀態，性偏好的偏見和歧視。

開會時，按照議事規則進行，用多數表決補足主管裁示的不足。

教師可組織職業工會，發揮實質作用，代表教師會員爭取權利。

DO-NOT-CALL Registry 免商業電話聯邦註冊。沒有既存的生意往來，不能做未請自來、侵略式的行銷。民眾可登記，排除於收到不認識廠商的行銷聯絡，如電話電郵市場拜訪。

（四）有國際觀的社會鼓勵人表達不同的意見

文明的社會鼓勵每個人有自己想法，正常表達。每個人理應為自己的辯護意見（You are entitled to your own opinion）。

西方社會認為，英雄所見略同；但接受不同意見。心智健全的人，想法理所不同。（Great mind think alike, but reasonable minds might differ.）表達情緒的不滿，應該用委婉的方式表達，比較能夠讓人接受。

文明社會著重論是非，不論黨派不會以言廢人；適當地妥協於與己不同的意見（Agree to disagreements）。

以前在台灣時，講話時經常要注意背後是否有人。「小心，匪諜就在你身邊」；在美國二十年童言無忌習慣了，說話時不必回頭一直看看你的周圍。二十年後的今天回來台灣，講話時又要小心看看後面和左右，「小心，藍綠就在你身邊」；「注意，大老就在你左右」。希望有一天。在我的國家社會裡不必再擔心言論自由。害怕說話時，講錯話冒犯了誰的利益，會有什麼後果。

如何表達不同意的意見——這—很—重—要！在學校就要訓練表達自己不同的意見。

最近經常看到不滿上街頭的情形，忿忿不平無濟於事；這種情緒沒有紓解，經常演變成 passive aggressive 情緒障礙搞破壞。

最近的社會有些現成的例子。前一陣子街頭社會運動的憤青們，罵政府罵得很兇。其實，要改善社會國家，下者拼蠻力強，比罵大聲；上者發展論述，窮究學理，找解決方法。

抱怨之餘，也要發現問題；找到原因，強化論述，尋求解答。

教學：鼓勵發問，培養自信

發問及自信可以在課堂上培養。老師在課堂教學上，可以要求學生提一個意見，回答一個問題。讓學生完成想法，充分表達說辭，切忌插話中斷他們的表達。培養學生對自己有自信，愛自己。如此，也會連帶地強化他們對自己，對社會的責任感。甘地說：帶頭改變社會，成為自己想要看到的社會。（You must be the change that you want to see in the world.）

這是我覺得美國教育和台灣教育方式很不同的一個地方。也是我過去十五年來在美國教學，學到鼓勵學生所用的教學方法。

讓學生言無不盡、暢所欲言的社會。是個有國際觀，值得期待的社會。

於台北資策會創新服務所演講，二〇一六年三月。

第十九章

台灣的國際競爭優勢與限制

近年來的台灣在全球化的趨勢下，如何具有國際觀，包括個人培養國際觀，以及用具有國際觀的策略管理來經營事業體，赫然成為一門顯學。一個現代化，文明的國家，通常具有國際觀（Global mindset）的社會。

在國際化議題這一塊，

台灣，我們達標了嗎？

最近，富比世雜誌刊載了一篇文章，略曰台灣是邁向已開發國家，非已開發國家（Emerging, Not Yet developed）。直陳了五項台灣非已開發國家的證明：包括未能落實環保綠地，違建遍布，執法不彰，生活品質（包括噪音汙染），以及文明的生活方式，如不文明地與陌生人互動等等。

是否為已開發國家，也許可反應於在現代化程度。是否擠身於已開發國家之林可能與經濟發展有關。根據聯合國的人類發展的綜合指標包含教育程度，平均餘命，以及人民年所得等。一個具國際觀視野的社會，能貢獻於國家長遠的發展，包括早日實質進入已開發國家。

因此，本文分享個人在美國留學及工作經驗，來探討東西方文化的國際觀；求職包括文化還有生活作息方面，以企業管理為立，從個人到企業，探討身在台灣如何培養國際觀，及台灣如何培養競爭優勢。再更上一層樓。

台灣的競爭優勢

台灣具有的競爭優勢，是吸引我回台灣發展的主要原因。

競爭優勢的感受是客觀的，它是企業創造特優價值的商品或服務。這種提供的商品或服務很難去模仿，或是模仿的代價很昂貴。通常在商業的優勢，可以用兩種方式體現：包括降低售價，例如宏基電腦以及聯想電腦產品早期在國際市場上標榜以低售價來刺激銷售；另外一種方式，是發展具有差異性的商品特色，開發商品或服務特殊強項的功能。比如說星巴克餐廳個人化商品，蘋果電腦幫你創造價值；因為你可能覺得他們銷售的地點方便，個人化，方便使用，語音辨識比其他競爭產品準確。

剛才提到台灣競爭的優勢。我做回來台灣的決定，首先考慮到台灣的核心能力，以及能改變的方面，和不能改變的內外在環境先天限制。然後問自己，這些不能改變的是我能夠妥協接受的嗎？回台灣考慮衡量的重點，最後決定主要是基於優勢大於限制。也就是Z＞B，利大於弊。要接受決定就不要抱怨。

不能改變的，包括很多是有形的，競爭上的負債，包括人口擁擠，包括天災如地震、颱風、液化土壤等；也包括競爭有限的資源，這些是很難改變的，只能接受的；能夠改變的很多是無形的資源，包括人文素養，教育，交通秩序。教育，高教改革，正面思考的教育；食安環境汙染；透過立法及執法來改善。生活品質，國際觀，人治。另外，四年一次的選舉，也讓改變成真。

這些有形無形的資源可以形成綜效（synergy），整合成為核心能力，減去不能改變的限制項目之後，可視為成為台灣的競爭優勢。

所以回到一個根本的問題：台灣的競爭優勢是什麼？

以住在美國二十年來的觀察，台灣確實有競爭優勢。回答這個問題的一個起點，可能可以對岸中國大陸做比較的參考點。以下是一些台灣有競爭力有吸引力的觀察：

回得去與回不去的

過去二十年來我觀察在美國的留學生和在美國工作的台灣人，有將近一半以上，百分之五十回來台灣服務。特別是這幾年，特別多像我這樣在美國工作大半輩子的台灣人，回流台灣的越來越多。這些人，除了回來A健保的疑慮外，顯然我們台灣有一些其他競爭者沒有的優勢。

例如說，這幾年台灣的社會福利辦得很好包括全民健保，包括國民年金。生活很方便，出入有高鐵有捷運；社會相對上安全得多，沒有像美國在一樣槍枝氾濫，每天內心的安全感難以釋懷。晚上在台北過了十二點鐘出去很多地方可以吃宵夜。最後這一點是很多未來從國外來的朋友觀察到的優勢，我們在地人反而忽略了。

反觀來自對岸的人民，在美國學成之後，回去其國家服務的人真的很少。

至少我二十年來未曾聽聞過。這可能某種程度上反映了，出身來自於這個制度的人民，尚未能全然相信大陸政府所標榜的優勢，對偉大祖國的呼喚，完全無法埋單。

台灣還有技術上的優勢，也有台灣長期以來建立的品牌優勢。這些雖然不是立即明顯，但是是存在的。在國外很多人沒有聽過我的名字，但是聽到了台灣的名字。他們會說 I know Taiwan!、Made in Thailand!這樣說，我知道他們常把台灣和泰國搞混了，所以要時常提醒他們，台灣面積大概和整個馬里蘭州與德拉瓦州合起來的面積一樣大小，但是有著整個德州，與澳大利亞一樣大小的人口（二千三百萬人）台灣人均所得約兩萬三千美元，與整個德州相當，約莫是整個美國的百分之四十（根據世界開發銀行二〇一五年數字，美國年人均所得約有五萬五千美元。中國大陸則是八千多美元）。

台灣的社會安全系統越辦越好，像全民健保，國民年金，高鐵，和捷運系統。

語言也是台灣的一種優勢。多懂一種語言就像多打開了一扇往世界的窗。台灣這幾年特別有多元文化的優勢，除了有不同文化人種長久以來共生共存之外，也有很多國際人士來台灣工作或求學，直接間接地幫助台灣國際化。語言上台灣人說國際語言包括英文來說，相對上比較流利至少發音和文法，比很多我所認識的許多國際人士還要準確。這是一個競爭優勢。

總結以上，台灣的競爭優勢在於交通便捷，安全，社會安全網建立。需要改進的地方，在於薪資與消費比例不成正比，房價扭曲，教育改革，文明指標亟待提升。

於台北資策會創新服務所演講，二〇一六年三月二十一日。

第二十章

提高台灣的全球競爭力：成為更安全，更友善的國際社會

更加文明，更寬容的法律方便國際人士就業，和更多樣化的教育環境，將有助於台灣實現現代化。

在最近的一篇標題為「五個跡象台灣是個新興國家，不是已開發的國家」刊登在富比士雜誌文章裡，記者拉爾夫。詹寧斯提出了一系列觀察台灣的「盲點」，幾乎預言式地，指出了損害了台灣擠身已開發國家行列的關鍵。這些盲點如：缺乏施工規範，未能保護綠地和環境保護，執法被動以及表現不佳，生活因為空氣和噪音污染品質下降，非法建築盛行，以及人民對陌生人的不文明行為。

這些「不方便的事實」在二零一六年二月六日當天將整個台灣社會，置於嚴峻的考驗：舊曆年除夕夜前一天晚上，一個六．四級地震震懾南台灣，導致

超過一一〇人死亡，五〇〇人受傷。富比士文章裡面所提到的，包括建築施工違規，執法被動表現不彰，和不文明影響了生活品質這些面向，並沒有達標，通過這個壓力測試。

除了文章裡所提到的「台灣是新興國家，不是已開發的國家」的這類名分之爭論點之外，更重要的問題是：如果災難是不可避免的，台灣從最近這場災難能學習什麼，應該如何準備面對將來類似的考驗？

為了提高台灣的全球競爭力，如何來創造一個對國際更開放，更友好的社會來吸引，以及留住國際人才，進而提升全球競爭力？

我不打算逐條回應詹寧斯的論點，只提出一些簡單的看法，來討論台灣可考慮用來提升國際地位的做法。

災難應對：只能宿命，或能積極地避險？

台灣每年發生超過五〇〇個地震，大部分是無感地震，其他少數是中強震。周期性的颱風和地震自然災害發生，是常態而非例外。國際傳染病如登革熱，每年時有所聞，使得災害發生不受限於國界。因此，台灣民眾，必須學會來面對、應變這個心的現實。

不幸的是，整個台灣社會，嚴重缺乏避險的意識。例如，許多教室和會議室都只有一個出口，並沒有地震或防災演練，使得應急反應嚴重不足。此外，宿命論、無作為普遍盛行，使得可預防的災難，增加了不確定性，及受災害傷害的機會。

因此，在此呼籲，對這些有待改善之處要立即計畫，以避免或儘量減少損失。

當務之急，在於學校考慮將緊急準備和應變，納入教育訓練課程裡。

例如，台灣本周即將進入新學期開始，學校的第一堂課老師應該向學生解釋，如果地震發生時，如何判別震度，掌握關鍵的七秒鐘，如果是輕微的地震如何找掩護，當大地震發生時該如何疏散。為了便於疏散，每堂課都應該考慮空出緊急出口門附近的座位，並解釋出口和樓梯在哪裡，以及地震結束後重新集合的地點。

國際人才的就業問題

國際人才（之前稱為外籍白領勞工）及國際勞工（以前稱為外勞）是台灣社會特有的資產；因為這個族群團體帶來了新的訓練，技能，這些帶來新的見解幫助一些從來沒有出過國的本地居民，提供不同的觀點，改善「島民心態」的認知。這些人從台灣的大學畢業，或在台灣工作之後，有些回到自己的祖國，並繼續倡導台灣在國際體系中有意義地參與。因此，台灣該下更大的決心，讓這社會更加開放，更歡迎國際人才，使他們在適當時機，目前及未來，可以服務及回饋台灣。

可惜的是，目前國內現行法規，嚴重限制了國際人才，與本地人才平等競爭的能力。國際人士常常沮喪不能夠獲得工作證，受限於外籍人士的身分。現行法律限制台灣的就業培訓的國際學生，畢業之後，最多只有六個月停留在台灣的實習機會，因此，降低了他們平等拿到在台灣過渡到有長期合約的工作。其結果是，許多台灣雇主無法充分聘用到本地訓練的國際人才，提升其國際競爭優勢。

例如，就業服務法第五條工作的十五類職業技能，規範核准國際勞工許可的標準。核准的最低工資，是至少每月台幣四萬八千元以上的平均工資。這個薪資水準的資格，對一般工作來說明顯太高。具體來說，薪級，應根據當時的工資為每個專業類（例如文科與理工科的薪資水準不同），不能夠一概適用四萬八千元的工資；此外，工作許可審批計點系統的幾個加權指標，如「中文能力」，「第三語言能力」和「政府的利益／政策」的加權計分指標，都不是和工作本質最相關的，應予廢除。

最後，國際學生畢業後在台實習時間，應適當予以延長。在「外國人就業許可條例和管理辦法」第三十四條規定，在台灣高等教育訓練後畢業的國際學生，畢業後只允許給予在台灣六個月的實習時間。大多數已開發國家，包括英、美國，提供外國學生畢業後有一年的實習時間。這個為期六個月的實習應惠予延長，為本地產業提供網羅國際人才的機會。

在課堂上和社會中實現多元化

最近新當選的政府行政部門及立法部門，具體承諾支持一個多元化的社會。總統當選人蔡英文承諾說：「沒有一個人，在這片土地，應當為我們所選擇的身分道歉。」這個理念應當要擴大，以確保在台灣的所有居民，包括國際人才，不論其民族血統，提供一個更加安全和國際友好的環境。

在教育養成方面，多元化在課堂上以不同的觀點刺激創新觀念，以助於促進社會改革。例如，位於台南市的國立成功大學管理學院的國際商管所，有全台灣最多元化的學生，來自超過二十六個國家。為了培養學生欣賞多樣性的價值，所有老師積極鼓勵學生在不同文化背景的團隊合作，完成隨堂作業，以獲得跨文化的學習經驗。這個教育環境，尊重各國文化傳統，培養學生尊重個人自主和信仰自由。這個教育環境，可以幫助學生準備迎向國際化的社會，以及不管是當地或國際化的企業。

為了實現這個多元化的未來，蔡英文提出了的承諾，但隨著台灣與越來越多樣化的國際勞動力更加全球化，就應該準備一個安全，友善的環境，來保護國際工人。仇恨動機的罪行必須受到懲罰。

近來在台灣，有越來越多針對外來工人和國際學生，身體或言語攻擊的案件越來越多。台灣沒有「仇恨罪」（Hate crimes）的法律，來阻止基於仇恨動機的行為，如辱罵或難容忍不同文化引起的暴力行為。為了提供一個安全，國際友好的社會，可能也許有必要重新思考引進「仇恨罪」法律，來遏止這類反文明的行為。

文明的生活方式

台灣居民可以提升台灣國際競爭力，不用額外任何海外旅行或花一毛錢。可以從日常活動中，從事已開發國家每天實現的事。這可能是簡單的：

●日常遵守秩序規則。排隊等候，乘坐公共交通工具，或等待購買門票。
○遵守交通信號和規則。避免開逆向道，闖紅燈，或開上人行道。
●尊重個人的私人空間，在對話或在公共場所的時候放低你的聲音。
○要守時，準時，尊重別人的時間。

●當與人交談或上課，避免發送電子郵件，或看手機。

這些純粹只是常識，是文明生活方式，卻是已開發國家的人民每天在做的。我們也這樣做，不但有助於提升大家的生活品質，也可以幫助台灣由新興國家，進步到已開發的國家行列。

原載於英文《想想論壇》，二〇一六年二月十五日。[1]

[1] http://thinking-taiwan.com/improving-taiwans-global-competitiveness-hsu

公民社會與民主法治

愛呆丸的台僑，只能打打嘴砲嗎？AA健保嗎？
為了祖國台灣，實質上能做什麼？
搬回台灣前的考慮，及回台後的適應

第二十一章

台灣選舉外力介入問題：面對選舉的恐懼因素

一個立場超然的國際選舉觀察團，在國內觀察台灣最近的總統和立法委員選舉數日之後，做出結論認為，這場選舉在相當程度上是「自由，但有部分不公平」（報告指出「選舉自由，部分不公平的：據國際觀察團描述」一月十六日，第一頁。《台北時報》）。報告中列舉了台灣選舉的幾個結構性問題。例如，賄選，執政黨公權力介入影響選舉，以及選舉競爭黨的財富有大幅差距等；和外在的的恐懼因素，亦即，美國和中國虛構性地，主張維持台灣穩定的這種說法，企圖對選舉結果造成不當影響。這種構成對台灣民主的關注和壓力，尤其是企圖影響台灣選民必須採取的選擇的自由和公平。這代表了一個典型的，用恐嚇民主來影響自由選舉的民主普世價值，來操弄選舉結果。

恐懼因素這點最好的例子，由美國在台協會（ＡＩＴ）前理事主席，現在在民間任職的包道格，在選舉的前兩天所公開表達的，看似突兀的意見。在一次電視採訪中，他認為，萬一民進黨候選人蔡英文贏得勝選，華盛頓即將對這個選舉結果「感到不舒服」；並指出華盛頓對蔡所提出的「台灣共識」，感到模糊，不切實際。

這樣不當的強烈暗示，指出美國政府偏愛某個候選人。這是連續影響第二次包道格企圖施加影響（他曾經在二〇〇八年台灣總統大選做類似的公開聲明）——再次利用的民眾恐懼心理，以及經濟優勢台灣對中國的依賴，並侮辱台灣選民的自主性。

包的言論不僅武斷、有壓迫性，這樣說法也強烈破壞了美國政府在台灣選舉所聲稱的中立性，違背了每個美國人所認同擁有的，公平和民主自由的原則。

雖然目前美國在台協會處長司徒文，迅速地澄清這是包道格個人的陳述，並非代表官方的個人的言論，而且重申了美國在這場選舉保持中立的立場；包道格的個人行為已經影響了台灣新興、脆弱的民主，在一個經濟衰退的現狀，對其惡鄰有敏感的反應，極具破壞性地對選民造成了嚴重的影響。

時光不能倒轉，來改變包的言論對台灣選舉結果的影響。但可以從這個教訓中學習如何避免下一次的失誤，尤其這已經是第二次了。展望未來，首先要敦促包道格——這位現在的民間，並非美國官方的人士，和現在在台不受歡迎的人士——停止在選舉前代表美國發言，意圖對台灣選舉造成任何影響。

任何虛假地代表美國政府，對選舉人的偏好，以及對台灣人民自由意志的選舉進行干預，不僅是不恰當，有害，而且違反了台灣的選舉罷免法。應該讓台灣人自由地在沒有任何不當影響，在她的自由意志下，行使選舉。

這類選舉時，外力介入的事情，只會與日俱增。隨著選戰白熱化，下次選舉，民進黨應該正視這個恐懼因素，不要受其干擾。澄清所謂「台灣共識」，並洗刷任何前朝腐敗的刻板形象。

原載於《台北時報》，二〇一二年一月二十日。[1]

[1] http://www.taipeitimes.com/News/editorials/archives/2012/01/20/2003523642

第二十二章

拍攝《島嶼之聲》：太陽花裡遇見十個台灣族群

一個大時代的悲劇，不是壞人太囂張，而是好人太沉默。

——馬丁路德金恩博士[1]

八種語言、十個族群；五十萬人、一個訴求

和其他僑居世界各地，關心台灣民主的台灣人同步，我在三月二十九日週六，夜半中搭上紅眼機，飛了十四個小時之後回到台灣，參加了「三・三〇」台北太陽花遊行。拍攝了《島嶼之聲》來紀錄這段歷史。在台灣待了三十個小

1【編按】原文為History will have to record that the greatest tragedy of this period of social transition was not the strident clamor of the bad people, but the appalling silence of the good people.

作者於太陽花學運演講（台北自由廣場，二〇一四年三月三十日。）演說片段：https://www.youtube.com/watch?v=E7ABa2DyIuw

時，於週一中午又飛回加州僑居地。

上回像這樣緊急地回到台灣兩天，是在年前家母病危時，急忙飛回台灣奔喪。這一次飛回去同樣是緊急的情況，因為我的祖國台灣處於歷史的一個關鍵時期。不想錯過這個參與歷史的機會，於是我連絡了幾個合作過的此間美國媒體友人，約好了三十日在台北凱道見。

無獨有偶地，我並非唯一從海外回台灣關注這事件的人。當天在往回台北的機上遇到一些穿黑衣的年輕人，包括有一位從德州飛回台北參加的台僑；從桃機搭接駁車往高鐵站上，遇到了從大陸週末休假回台灣著黑衫加入抗議的台商；以及當天在世界各地，同時有數千名台僑在超過二十個國家的僑居地參與活動反服。這些旅外的台灣人，定居在異鄉世界也和國內同胞一樣關心服貿問題的核心，所以選擇站出來支持島內的民主運動。

在台北停留了一天半期間，在台北街頭講了兩個演講；訪問了十個不同族群的台灣人出來支持太陽花運動的原因；回到飯店幫幾個國際媒體翻譯他們當天在台灣的報導。上飛機前打了電話向在南部的家人致歉：這次回國行程緊湊，沒法回南部老家，此行純粹為了國事。

政府違法程序行使暴力必須接受國際檢驗

這次回國參加太陽花學運的動機單純，完全屬於自發性，沒有接受任何贊助。因為我是學法的教育工作者，無法認同這次台灣執政者在審服貿案上有爭端的疑慮。

回台灣參加太陽花遊行的最直接的原因，因為身為老師，看到了學生／老師同事被致命攻擊頭部這種致命的身體部位，和很多海內外的台灣人一樣，被喚起了二十幾年前在台灣受創傷的集體記憶。以往在台灣經歷過戒嚴的台灣人，看到抗爭的「暴民」被打破頭是常有的事，以為這種街頭髮生的國家暴力在台灣解除戒嚴之後可能就不再發生了，結果還是在光天化日之下眾目睽睽地發生。這個政權二十年來並沒有顯著改變。令人擔心的事，今天這個政府能施暴在手無寸鐵，在行政院外靜坐的這些"暴民"身上，明天可能打在一般良民的身上。今天不反抗，可能二十年後還是一樣地，被公權力非法施暴侵犯。公民不能自由地表達反對意見，以無武力，非暴力的方式來反抗對政府違反的實質和程序正義，行使公民不服從的權力：這不是我所熟悉的民主台灣，也不是我當年服役來保衛自由的台灣。

論者會說，你在國外長住多年，有什麼名義、正統性，來管我們台灣的事。對這類質疑，我只能鼓勵這些好事者多努力，用自己的方式，來多表達對自己國家的關心。台灣法律保障國民，尊重遷徙自由。和其他一些定居美國的台灣學者一樣，我們是偏安國外，以待國家清明。但是人在曹營心在漢，一夜鄉心五處同。我只有一本台灣護照只有台灣籍，和多數島內同胞一樣，沒有其他退路；對國家的感情和親情一樣，無法分割。

我對這種國家暴力，就像所聽聞到的家暴一樣，有著一股無法釋懷的深惡痛絕。印入眼簾的，逼取即逝的，是往日在台灣時，那段泛黃、斑駁的回憶……

十幾年前回台灣工作在立法院服務，適逢核四案追加預算審核，民眾北上到立法院抗議。我從院內深鎖的鐵門內往外望：只見當時同一個執政黨政府，用強力水柱和強勢警力來驅離攻擊上萬名抗議的，從中南部上來聲援的老弱民眾。試問有誰甘心願意長久待在一個會被凌虐的國家虛耗生命？當時孤臣無力可回天的我，告訴自己：除非有一天我回來可以改變這個社會，讓他不再用暴力來對付自己人民，否則我不會回來，浪費彼此的時間和我的生命。接下來的十年內我只有回國一次：九二一地震時回來看南部老家。

所以任何一個國際人——包括我自己——都要盡力把這些號稱人權立國的真象傳送給全世界，促使這個國家名實相符地接受世界民主人權的檢驗。這是二十年來的勿忘初衷，也是我在學界持續關注台灣民主，以街頭演講、發表報章論述，和回台參加運動的原因。

原載於英文《想想論壇》，二〇一四年九月二日。[2]

[2] http://thinking-taiwan.com/deconstructing-one-voice/

《島嶼之聲》的電影海報

太陽花電影祭——
Sunflower Movement Collection

ONE VOICE:
OCCUPYING TAIWAN CONGRESS

島嶼之聲：
太陽花裡聽見十個台灣族群

世界首映

太陽花學運，或稱318學運、佔領國會事件，是指2014年3月18日起臺灣的大學學生和公民們因不滿《海峽兩岸服務貿易協議》的委員會審查過於粗糙草率，所發起佔領中華民國立法院的社會運動事件。這是繼1990年野百合學運後最重要的學生運動，核心領導人物的社運經驗來自野草莓運動。

新北市電影節因應去年3月9日橫跨臺北、臺中、高雄及臺東，堪稱臺灣歷來最大規模的反核遊行，特地規劃了「反核短片集」，網羅紀錄、狂想、動畫、廣告、MV等不同形式的反核短片創作，在電影院進行一場別開生面的影像公民論壇。今年，就在318太陽花學運發生整整六個月以後，新北市電影節規劃了「太陽花電影祭」，展現不同創作者如何利用影像針對此歷史事件進行創意詮釋。

《島嶼之聲：太陽花裡聽見十個台灣族群》由人在美國的許介文和在臺北的蔡朝銘兩位導演通力合作，在2014年3月30日進行現場，利用IPad Air進行採訪，片中出現多種語言，涵蓋不同性別、族群、職業的受訪者，他們除了對著鏡頭發表服貿協議之於庶民百姓的切身影響，同時也向當權者提出個人建議，並針對公民運動如何對國際社會傳達訊息進行討論，藉以為這個臺灣民主歷程中非常重要的運動留下珍貴的影像紀錄。

More than 500K people gathered in a Taipei rally on 3/30 to protest against an abrupt passage of 'service trade agreement' with Mainland China in Taiwan Congress. An American professor returned to his native Taiwan to capture the epic event. He gave a talk to the crowd, and rediscovered his inner passion from living in the Western world of universal values of freedom and democracy.

《島嶼之聲》影片受邀參展，獲選觀摩於二〇一四新北市電影節、二〇一五台南市文化節，及加州Glendale國際影展。

第二十三章
僑胞看太陽花學運：轉型中的台灣社會

這次回到台灣紀錄太陽花學運的歷史影像，也看到了一個轉變台灣的契機。我看到了這一代的年輕人台灣意識高漲，言論自由逐漸改善，以及新舊世代、族群的緊張與反思。這股社會的動能，也許是台灣社會質變的一個重要機緣。

台灣意識

這次在台灣觀察到年輕人最深刻的改變，是台灣意識的抬頭。在影片訪談中，很多年輕人清楚地表達分辨希望台灣有什麼樣的將來。比如說，他們會希望得到更多的資訊來了解服貿案內容，以及擔憂這個法案對他們的生活會更加造成影響。他們很自然，很無慮地說自己是台灣人，希望服貿案是國對國對等的待遇，不願你中資進來台灣炒房市、影響媒體、或干預宗教和思想，也不怕被貼上台獨不台獨的標籤。有些學生抱怨他在臉書上面的外國朋友，搞不清楚什麼是中華民國和中國的差別。這是一個對台灣品牌，台灣意識強烈認同的新世代。

這個台灣意識高漲的現象，執政當局大概很難了解到其背後的涵義：為什麼開放與大陸交流了十幾年來，民調顯示，越來越多的年輕人的台灣認同反而變得越強烈，越少人願意認同自己是中國人，或支持與中國統一。原因很簡單，七十歲以下，二戰後在台灣生長的（新）世代已經習慣和選擇了自由民主的生活方式。更因為不願意「被認同後」，被歸為是那一掛人引發不好的聯想，用時下年輕人交往時的用語：「我累了。不願意再浪費生命，來等待你的成長跟上」交往後發現不適合，不願意再繼續交往或跟你有任何牽扯，這樣可以吧！有人因無知而結合，因了解而分離。似乎大部分在台灣長大生活的人，並沒有同享到馬政府和他身邊的一群大陸人背景的幕僚，一股強烈地，對祖國的鄉情和感動。即使開放兩岸自由交流多年以來，熱不起來，也勉強不來。

台灣人民這種對中國政權的失望和絕望是一個相當不幸的，卻是完全正確的判斷。我個人認為，一個政權要贏得他國的信任和尊敬的重要指標，在於先要贏得自己國人的信賴和肯定。儘管中共經常自稱海歸學人回中國服務的人有多少兼多少（註：對中國發表的統計數字永遠要合理懷疑），根據我在美國二十年的長時間觀察和聽聞，居然完全沒有一個我所認識的中國學人或學生回到自己的祖國——中國去發展，一個都沒有！想想看，從那個社會出來的中國人最知道自己祖國有什麼可以相信，會不會改變；和什麼不能相信，不可能改變。

今天，中國的政權，連他自己來自同一個社會的，自己的國人都無法被說服回去為祖國效力；看看香港的民主和生活品質嚴重倒退，物價嚴重懸殊發展，我們需要更有說服力的證據來讓台灣人相信，中國可被信任，可做生意，以及相信他會改變。

這一次的訪談也發現，對很多居住在台灣的人民而言，選擇支不支持服貿可以簡化成一個單純的函數：

f（支持服貿）＝（民主自由生活）×（經濟提升）

在對民主生活方式一定會受影響（看香港最近的雨傘革命就知道）；和台灣經濟利益不確定（很多學者提出服貿通過後對台灣經濟幫助有限，但對炒房和物價上揚有絕對幫助）的前提之下，接下來人民的選擇就很清楚了。

而面對民眾諸多的疑慮，這個政府該做的，和能做的，是用更多誠意和嚴謹的研究結果來說服人民，和用更多公開場合來面對受影響的專業團體和年輕族群來釋疑；而不是一昧的政令宣導，和打破選民的頭來要你噤聲閉嘴。

另外，政府必須覺悟到，族群認同的這種情感無法強迫得來。舉例來說，美國人口普查裡，在填寫種族這項採用認同為基準。普查人員不會建議你認同哪一族群，由你自由申報。因此，即使是白人也可以認同自己是黑人或是亞洲人。基本上，人性證明一個崇尚文明的族群，做得好人家就會來認同你；反之，一天到晚恐嚇欺凌，不文明的人就會被棄選，被人漸行漸遠。

言論自由

這次訪談也觀察到，雖然台灣的言論自由已經進步了很多，但還是有很多人害怕表達出他自己內心的聲音。影片中的原住民的女孩，在接受訪問時還要往旁邊看一下，看他旁邊的人有否注意到他的講話的內容可以看出，基本上台灣還是從後解嚴的時代，慢慢地走出能夠自由表達的陰影。

在美國多年來生活和教書生涯，說話前從來不需要噤聲，或說些政治正確的場面話。回想我唯一一次在美國看到的，講話的時候還要不經意轉頭往後面看一下的情形，是在跟一個大陸學生提到台灣民主選舉和六四事件的事。他竟然直覺地說他從來沒聽說過這些事。在我看來他是可以理解地，選擇性的忽略或記憶喪失。但是，我永遠記得當時他匆忙地轉頭往後面望了一下，看看附近有沒有人聽見我們談話時的慌張表情。

讓我聯想起解嚴前審慎寡言，擔心匪諜就在身邊的台灣人。

這個印象讓我反思，更加珍惜在美國生活二十年來覺得理所當然的言論自由，包括能夠自由地當台灣人，大聲說台灣是我的祖國。我希望，不管是在自由台灣的國人，或是在對岸的中國人，能夠早日享受和我現在一樣的自由，講話時不用再慌亂地轉頭，疑神疑鬼地看看附近是否有人在觀察或錄音。對我來說那是戒嚴以前遙遠的記憶，時過多年，我經常不經意地想起，也寧願忘記，願意把記憶深藏在那年，那裡的台灣。

人民有免於恐懼的自由。和呼吸新鮮空氣和吃無毒的食品一樣，這些是基本的人權，不是個特權。前大法官許玉秀說：「……對台灣這個社會，一定要把恐懼說出來，然後澈底解決這個恐懼，這個社會才會有救。我們真的是從小就被嚇大的。從小就有中國這個因素，不管哪個政黨執政，都拿中共來嚇我們。那麼，這些恐懼讓我們社會的創造力受到很大的限制。這些對於言論的禁忌，使得我們的思考被封鎖。你不能自由地講，你就不會自由地想。我之所以一直都還逼迫自己勇敢地說話，就是我害怕我因此的思考會受到束縛。我必須儘量地勇敢地去說，才能夠刺激我的腦袋去思考。」這段話真是如暮鼓晨鐘，發人深省。

和言論自由相關的是媒體報導的立場偏頗，甚至為了立場捏造新聞；這也許是為何台灣人害怕服貿通過，中資介入，影響媒體的潛在原因。

省籍族群反思

這次太陽花運動遊行，也凸顯出台灣族群之間長久以來未解的緊張與對立：南北，世代，島內，國際與海外台胞，以及省籍族群。

南北區域發展不均的對立：林飛帆是台南人，所以當天我們看到很多中南部相糾上台北相挺，擁護南部的子弟，一起來「對抗無法原諒的郎」；大學生世代，抗議反抗這個由舊世代來決定他們未來命運的決策；觸動海外台僑和國際社區的敏感神經：普世價值包括自由表達，媒體自由，民主程序和警察暴力打人民。

接下來，也是最重要的問題是關在房間裡的大象：省籍因素。

教書生活在海外二十年，我深深感受到西方社會能夠不斷保持領先的競爭力，可大可久，原因在於把多元人才晉用法制化，從政府做起，培養和尊重一個接納多元的社會。這是為什麼我回去訪問了十個不同族群的新台灣人的原因。

在台灣成長，我有很多很好的外省籍親人和摯友，也認識很多留在台灣努力的，來自國際的新台灣人。長久以來在台美生活讓我深刻體會，不管先來後到，只要是合法生活在這島上的，願意把台灣當成家努力經營的人，都是台灣人。另外，愛台灣這件事是一個行動，不是屬於哪一個單一族群的專利，也不是喊著爽就是愛台灣。兩天內來回搭了三十小時的飛機，回去台灣參加這次活動的我，有著深刻的體會。

台灣最近社會運動的成因，問題的重點在於議題，和影響的族群；省籍不是個決定的因素，只可能是一個相關的因素（relevant, but not dispositive）。省籍族群這個問題，在台灣一直是一個難言之隱。但是，越困難你越要攤開來講，特別是政府。因為，你越不敢講，你越不能客觀地想，做法也越不客觀；看不見，可是你日落日出，依然存在。現在不處理，以後生活在島上的子子孫孫也要每天碰觸這個族群問題。

以美國為例，訂定法律來保障多元晉用各族群進入主流社會及公家機關可能是一個台灣可以考慮的方向。美國基於歷史上曾對黑人，其他少數民族的傷害，對女性的不平等，法律上有平權法案（Affirmative action）及機會均等法（Equal opportunity）和判例，規定公家機關和學校，強制多元晉用和入學。這對現代大部分憑實力努力的多數人雖不一定公平，但是讓民眾覺得有多元參與一個有代表性的政府，可以強化其統治的正統性；退一步來說，也是一個對歷史的補償。如果不是美國政府在六〇年代立法保障少數民族和弱勢團體就業就學，歐巴馬現在可能只有當黑奴的份，而沒有當總統的機會。

台灣族群有各種南北，世代，省籍以及新舊移民族群，這些族群身分大多是與生俱來，是無法改變的。但是，各族群都只有兩種人：好人和不好的人（和人才）。如何打破族群的藩籬，唯才是用，進用更多其他族群的好人才，是政府的職責，也是立法部門的權責。所以，創造一個環境讓所有族群的好人才都覺得有同等機會競爭發展，這個政府和立法部門責無旁貸。

現在政府的決策圈幾乎沒有其他族群：女性，少數民族和年輕人，這是不爭的事實。現任政府剩下的任期不多，應該要認真考慮以下的事：今日的台灣，因應服貿／核能／環境／世代正義這些觸及這麼多受到影響族群的社會議題，絕對不是馬政府侷限于決大多數只有大陸省籍的內閣的小決策圈所能理解和處理的。

在海外的台灣人，也該對祖國台灣的民主發展持續關心和適時支援。台灣如果失去了民主自由，真的是窮得只剩下有錢了。身在海外能做的，你可以組織當地僑界活動，可以投書媒體，或打電話寄電郵給當地的民意代表談支持台灣民主對世界的意義。不分海內海外，一起為守衛台灣民主自由努力。

不管在世界上任何地方發生了違法不公義的情事，就是對全球普世司法正義的威脅。

——馬丁路德金恩博士[1]

原載於英文《想想論壇》，二〇一四年九月二日。[2]

1 【編按】原文為Injustice,anywhere; is a threat to justice, everywhere!

2 http://thinking-taiwan.com/deconstructing-one-voice/

第二十四章

海外台灣人如何支持台灣的民主運動

台僑應該幫助台灣民主

剛回到美國，與五十萬人共同參加完本週在台北的三月三十日太陽花遊行活動。此行完全自費，我充滿了改變的希望，與參與祖國民主史上重要一役的驕傲感。

海外台灣人應該且可以支持太陽花運動。他們應該如何做自己能做的，來保衛祖國的民主呢？

首先，此次太陽花運動，包括這次遊行集會，完全是由台灣的大學生主導，為了呼籲為應對中國和社會改革期待已久的政策。學生們要求改變海峽兩岸服務貿易協議的審查，並基於自由和民主的原則，訴求程序和實質正義。

這些青年對於該協議嚴重關切，因為他們清楚的理解到，台灣這個國家的新興民主的潛在損害——1997年之後，在香港類似的協議發生了——這些包括了不平衡的媒體報導，損害選舉及以上言論和宗教信仰的高度控制，如爆發後來發生的雨傘運動所爭取的人權。此外，他們要求找出警察，向手無寸鐵的平民使用過度武力採取行動，出來面對。

居住在台灣的許多外國友人也參加了這個活動。他們的存在發出一個強有力的支持和明確的承諾，以學生為主體的活動。這些國際友人認同普世價值，如自由，民主和自由的新聞媒體，這些是台灣人歷經漫長而艱難的奮鬥之後贏得的權利。

如要在這個國家的民主發揮影響力，海外台灣人可以加入國際社會做以下活動，表達他們對太陽花運動的支持。

學生擁有豐富的義工支持的能量，他們不需要很多資金支持，但我們的支持可以讓他們知道他們不是孤單地在戰鬥，行走在一條不孤寂的路上。

海外台灣人可以透過當地的社區組織集會，提昇對這事件的認識；寫讀者投書，並討論如何與國際媒體與台灣人社團來提供幫助。也可以跟僑居地政府官員，民意代表討論保護台灣的民主意味著對世界其他地區。

僑胞的支持將會成為一個強有力的聲音，幫助台灣人度過這一最困難的時期；幫助他們打完這美好的一仗，樹立民主的普世價值。這是我們生活在國外，在世界其他地方習以為常享受到的民主生活。

原載於於《台北時報》，二〇一四年四月九日。[1]

---

1 http://www.taipeitimes.com/News/editorials/print/2014/04/09/2003587604

第二十五章

「選擇性調查」及對候選人誣告抹黑的救濟

最近剛結束的九合一選舉之台北市長選舉，在選戰如火如荼地進行之際，柯文哲及連勝文的陣營裡分別發生了抹黑指控的遺憾事件。

首先，由連營發起的，調查柯營涉及病人捐款與私設MG149帳戶。這調查包括行政司法等五院部門齊發，選擇性地針對柯文哲調查帳目，但調查後並未發現不法。同時，柯陣營針對對手陣營發言人蔡正元發布了柯文哲陣營的行程及顧問團名單提告，指稱連勝文陣營非法竊聽。後來經其競選總幹事透漏，其實柯陣營在選前早已掌握辦公室內同事洩密，而竊聽的指控並沒有支持的具體事證。

這一類在選前意圖影響選舉結果的指控，即使是事後證明是虛構不實的，但在選舉期間當下的指控，不只對於候選人的名譽造成立即的傷害，也有意圖使人不當選的之嫌。例如對柯以國家機器五院選擇性，且針對性地調查；以及對連陣營言之鑿鑿的竊聽告訴，即使日後平反，但該指控已足以影響中間選民的投票行為。本文探討保護候選人公平參與選舉，改善選擇性調查及抹黑候選人的問題及救濟。

背景調查：民主社會的必要之惡

候選人的背景調查是民主制度的必要之惡。高透明度是民主社會的特色。特別是在選舉時，選民有權在選前知道候選人的財務及個人行為，來幫助做出明智的投票決定。理論上，完善的背景調查是個有效機制，用來確定候選人是否適任於職得公眾信任的工作。如果候選人有見不得人、或不適任的難言之隱情事，最好在他當選之前查出來，這比當選之後才被選民發現來得好。

在上述的ＭＧ１４９帳戶的指控中，柯的競選辦公室認為指控毫無根據，以及受到不合理和選擇性執法調查。然而，法律並沒有明確規範，何種程度的，選擇性或是全面調查是不合理的，以及遭到抹黑時，受害者的救濟。國家和媒體幾乎可以無所忌憚地調查候選人。

另一方面，受指控或抹黑的候選人能夠採取法律救濟的範圍非常有限。根據受害指控的性質和程度，候選人可以採取相關的法律救濟，當事人可提民事侵權，提依誹謗訴訟尋求禁令或申請賠償，但要證明的要件非常嚴格；但作為一個公眾人物，候選人提出此類控告很容易得到不受理處分。例如原告必須證明被告明知或罔顧後果的意圖，有實際惡意詆毀原告。

「實質惡意」是成立起訴誹謗公眾人物的要件·原告很難去證明涉嫌誹謗被告預知情所排謗之事不真實。候選人也可根據「意圖造成候選人不當選」的選罷法規定採取法律行動。這些舉證的要求高，舉證不易，常被以不起訴處分。

另一個問題是，仰賴法律救濟訴訟經常要曠日費時，在激烈的選戰中常會造成遲來正義的遺憾。最近的一個顯著的例子是宇昌案，使民進黨主席蔡英文在二〇一二年總統大選的輸掉了選舉。蔡最終被澄清了所有的指控，但卻是在她落選之後。目前並沒有有效的法律救濟，提供救濟候選人，因為選舉非法調查或抹黑的形象損失。

雖然如上述五院針對柯營調查明顯是不公平的，但是似乎沒有法律規範。而這樣做法違反了程序正義和比例原則。特別是現任政府的提名候選人可以行使其權力和影響力，動員其行政資源來影響調查的結果。

考慮修法

因此，當選的柯文哲就任之後的當務之急，應該立刻和立委推動修法來處理參選時五院齊發來針對他的違反比例原則．防止任何政黨假國家公器之便，師出「選擇性正義」之名，鋪天蓋地地對候選人的人格謀殺，避免在未來的選舉中，政府可以透過行政資源之便，濫權選擇性辦案及候選人之間的抹黑。

鑑於上述背景調查的必要性及法律救濟的弱點，建議修法規範現行選舉罷免法有關選務及公務單位的相關規定，防止選擇性審批行為針對特定候選人，或以強制公開所有候選人所有相關的背景資料。例如修改公務人員選舉罷免法

第五十五條對競選言論的限制，五十六條對競選活動的禁止，以及第一一三條的對惡意抹黑採從重主義，促使選舉公平。

原載於英文《想想論壇》，二〇一四年十月二十一日。[1]

[1] http://thinking-taiwan.com/selective-vetting-as-a-factor-in-the-taipei-mayoral-election

第二十六章

終結問題食用油：阻止犯罪與被害人補償

目前的食品安全法規規範不足，難以嚇阻犯罪者，而且屢犯者往往可以逃脫罪行。該怎麼救濟這個結構性的問題？

台灣最近爆發了一系列有毒食用油的醜聞，在在顯示這個國家的法制與政府的食品管制不彰。政府無法阻止的食品安全法律，違法者屢次犯罪，無法及時公平地補償受害人。受害人可能發展出長期，由於使用受到污染的食品，的健康損傷，引起長期影響健康的慢性病。

這個食用油的醜聞，有幾個面向。首先，不能確保食品安全和行政監督，敗壞了政府的施政聲譽，整體經濟付出了極高的代價，包括損害國內和出口市場。政府預測，這些食品醜聞將會對台灣的出口產生相當大的代價，今年預估有新台幣一千億（美金四十億）以上。除此之外，對於受害者的賠償不夠，對受害者的法律救濟程度很有限。其結果是，許多消費者只能消極地自力救濟，如消費者抵制和街頭抗議。犯罪的處分罰款常繳交到政府的賬戶，而不是到受害的消費者手中。最後，如果受害者未能直接證明損失，出示因消費問題食品而導致身體的傷害，受害者幾乎不可能的獲得賠償。

修補法律漏洞是政府保障公眾健康，和避免未來的違規行為的保障作法。本文探討污染用油醜聞的顯示出來的挑戰，其中包括現行的法律問題，並討論法律改革和補償。

法律挑戰：違規和累犯的範圍

監管違反食用油的法規無效，由犯罪者所犯下的罪越來越重的刑度和屢犯可見。這是令人震驚的，因為最近修訂了食品安全衛生管理法（GFSSA）提供了對消費者更廣泛的保護。但是，法律依然無法阻止犯罪發生。廠商如頂新國際集團和張芝食品廠有限公司成了犯行越來越重的屢犯。這些罪行的範圍從食品石油產品摻假油（如橄欖油摻混大豆油），做假（通過添加違禁成分，如供動物食用為供人食用防腐劑或乳化劑），到嚴格責任罪（例如在飲料中增塑劑或多氯聯苯或PCB，加入食用油）。

因此，在食品安全法規的漏洞可能誘使犯罪者故意找系統的法律漏洞，最近成為頭條新聞的屢犯都顯示現行的GFSSA法既無法有效適當地結束或嚇止再犯的發生：頂新，是其中之一於三十年前被抓到，摻入PCB和致癌物質的產品，在中國流亡多年後被允許返回台灣東山再起。該法沒有效果阻止重犯，因為它未能確保受害者提供適當賠償，另一方面，食用油導致的人體傷害，對人體的損失需要時間證明，訴訟時效過期進一步複雜化的問題。

法律漏洞的問題

在GFSSA漏洞可能因此導致犯罪增加罪。首先，當前的標籤要求並不能確保所有食品用油添加劑適當做標記。結果，消費者無法根據所有的資訊來做出明智的決定要不要購買。例如，該法第三十二條嚴格要求所有食品製造商，保持食品成分的記錄保持五年。但是，它不要求披露所有的添加劑，可能是由於商業祕密或遵守國際貿易法規有關。同時，第二十二和二十四條需要與配料和添加劑的明確的標籤披露，但違反者將面臨一個合併五年徒刑及不超過新台幣八百萬美元，或七年，罰款低於新台幣一千萬元如果造成身體受傷的話。這種不太嚴重的罰金，顯然對防止犯罪無效的。

其次，檢調搜證和提供證據的困難。該GFSSA不提供金錢直接給受害者：即使受害人提起訴訟，即使被告被證明疏忽職守，有用有毒添加劑；沒有可證明的身體傷害的受害人很難獲判勝訴。例如，在美國連續兩年有消費者控告運動飲料寶鹼含有塑化劑的訴訟失敗，原因是原告不能證明因為飲用該飲料，造成身體傷害或傷害健康。

三，訴訟時效超過影響到索賠。常見的涉及暴露於受污染的食物和環境毒素的情況下——人體傷害舉證的困難的一個相關的問題，是曝露（的有毒食品消費）和疾病發病之間的延滯時間。一些慢性疾病，包括被致癌物質觸發多氯聯苯和戴奧辛，通常需要幾年到幾十年來的臨床實驗證明發展成癌症。因此，等待臨床展現，訴訟時效已過期。

該GFSSA有長達二十年的追訴時效，而是疾病發展的延遲可能超過期限：在美國的幾個ＰＣＢ相關法律，發現大部分要十五至四十年間的ＰＣＢ案子的才能有臨床上的表現（造成對健康的損害），鑑於有毒食品消費和臨床表現之間的顯著時間差，也有受害者利用有限的法律救濟，來監視長期健康影響或疾病曝光／消費的結果。

醫療監控／監控病情補償

通常有兩種方式使原告可獲得公共衛生相關案件補償：政府行使代位求償向廠商提告以監禁和罰款（給政府）懲罰，或原告提起侵權訴訟。後者經常會失敗失敗了，因為我們已經看到由於缺乏身體傷害的證明。

由於原告缺乏傷害證明，獲判勝訴的可能性不大。因此，醫療監測補償開始被法院接受。二十世紀九〇年代開始，美國法院已判給予醫療監控補償，如經濟補償與ＰＣＢ相關的侵權案件日益頻繁，並在涉及二手煙煙草中的定居點的情況。迄今為止，幾乎是美國幾乎有一半的州承認的醫療監測侵權。

醫療監控起源於英美法系，以彌補暴露於各種有毒物質的原告，而造成曝露的疾病往往是潛在需要長時間來證明的。這是天經地義的，應在台灣被認為是保護公眾健康的做法。

這也符合成本效益，以避免將來昂貴的醫療費用，並不需要法院推測未來受傷的概率。它僅要求該法院確定該醫療監督的花費遠不如昂貴地補償受害者。

醫療監控索賠有四個測試，比傳統的疏忽侵權行為，更容易滿足：

（1）原告是通過被告的過失行為顯著暴露在被證明有害物質。例如，在食用油品時，受害者（原告）所用的毒油的產品或暴露於毒素；

（2）由於曝露在污染源的結果，原告遭受顯著增加發展出疾病的風險。法院指定的技術專家（例如，流行病學家或醫師）提供證詞證明原告得病的風險增加；

（3）風險增加使得定期診斷體檢合理必要的。作為專家證人法庭指定的技術專家將證明定期的診斷檢查的有效性，並討論可能的本益比（以長期健康影響或醫療費用等儲蓄）是保證資源分配的測試；

（4）監測和檢測程序存在這使得疾病的早期發現和治療，可能有益。這個測試應滿足，以篩選或監視從污染的食品消費導致的疾病的早期發病。

一個對於「醫療監控」侵權成為成功的先決條件是通過專家證人，這些「技術專家」提供的專業證詞（鑑定人）定義於台灣民事和刑事程序法。這些和美國定義不是完全一樣的專家證人。在台灣，專家證人一類的技術專家的資格，教育和經驗還沒有在法律上制度化。

食品安全的法律改革的機會

首先。要求食品中的所有添加劑的強制登記。規定食品添加劑的報告的法規，目前的做法無效，因為許多廠商沒有記載重要的食品添加劑。消費者有權知道什麼添加劑存在於他們購買的食物的權利，法律應該反映這種權利。

第二。因為因為食品安全的損傷損害需要長時間觀察和蒐證。建議修改GFSSA來放寬的公共衛生案件的追溯時限限制違反法規。

最後，法規應當進行修訂，提供允許對受害於有毒食品罪的受害者的醫療監護賠償。此外，考慮引進專家證人的法律，和激勵技術專家提供法庭內可靠和可採信的證據來輔助食品污染案件的審判。

原載於英文《想想論壇》，二〇一四年十一月二十六日。[1]

[1] http://thinking-taiwan.com/ending-bad-oil-deterrence-and-compensation/

第二十七章
台美人在美國人口普查登記的重要性

據報導，將近有長住美國的二十五萬居民，在美國人口普查裡，自認為是屬於台籍美國人。這個數字去年比起十年前，成長了將近一倍。台灣藉人口成長最大在於加利福尼亞州，紐約州和得克薩斯州。[1]這不但代表了在政治上和實質性顯著，顯示台灣籍人士的一致的台灣認同；這也指出有越來越多人自認為屬於台灣人社區，其健康需求需要得到滿足。

越來越多的人在美國社會中認同台灣，申報為台灣裔，這個認同在政治上是重要的。因為這樣代表著台灣人在美國社會獲得日益重要的政治能量，越來越難以被忽略。台灣人在美國社會產生一致聲音，亦即台美人的主體性越受鞏固，可能會越能左右政治和財務決策，在國內外更強的影響力。雖然有不少的

[1] 美國人口普查顯示台灣的數字幾乎翻了一番。《台北時報》，八月二十七日，第一頁。

台美人不只在意識形態上支持台灣的獨立運動，越來越多人支持台灣是因為他們認同台灣接近於其採用了美國的共同的價值觀如多黨政治，新聞自由和文化的多樣性等，這些是台灣社會裡多數人所共享的共同價值。

近來人口逐漸增加的台裔美國人，也代表著日漸加的健康和衛生福利的需求。例如，最近美國政府增加預算來縮小各族裔間的健康差距所贊助的健康需求評估研究顯示，居住在美國馬里蘭州的從台灣來的很多新移民擔心會患有慢性病，包括癌症，糖尿病和精神衛生，文化適應等，以及需要照顧的保健醫療服務。

考慮到美國大量湧入的各個族裔，和族裔群體之間解決健康差距聯邦資源，當務之急是更多台裔的美國人登記自己屬於台灣人社區，在美國的人口普查，使研究和公家配額經費——按照人口比例，依照人頭核發的配合款——依據人口普查數據核發撥款，來解決這個成長的社區，所衍生的社會和健康需求。

原載於《台北時報》，二〇一一年八月三十日。[2]

[2] http://www.taipeitimes.com/News/editorials/print/2011/08/30/2003511999

第二十八章

談服貿：中國要先贏得台灣的信任

《台北時報》報導「沒什麼事比彼此信任來得更重要」三月二十四日，第八頁把總統馬英九的政府和立法院抗議活動做了深入的分析。有證據顯示，中國與香港往來日益加深的不信任——並在其社會的影響——可能在台灣發起的抗議活動已經發揮了作用。很多香港人參加抗議——大陸內地與香港建立更緊密經貿關係的安排（ＣＥＰＡ，於二〇〇三年中港簽署了一項貿易協定）的事實，是一個表現香港不信任中國大陸與對台灣的一個警示。

台灣透過觀察香港的ＣＥＰＡ協議的失信，看到其民主生活受到傷害後，有正當原因對中國關切。抗議對象是一個不受歡迎的馬總統（他的支持率已經下降到九％），試圖在一個不適當的時間，通過貿易協定來推動產生了連鎖效應。

首先，引進香港ＣＥＰＡ的是它的民主毀滅性的經驗。香港中國大陸的保證前一九九七年時代民主將保持五十年不變的基礎上，簽署了CEPA。不幸的是，中國未能兌現其承諾：他收緊對媒體的控制，在選舉介入，並要求對中國大陸大量的住宿。在CEPA的這事件上，中國破壞其信用守信。

其次，海峽兩岸的信心和信任一直很慘澹，即使在最近交流有所增加。由公共部門和私營部門提供的統計數據揭示。即使增加了兩國之間的雙邊互動，贊成最終統一的人數，還在穩定下降中。

最後，因為台灣經歷了人類歷史上第二漫長的戒嚴。在二戰後與中國分離之後。它的民主與經濟的分離在那個時代顯著提高。台灣人民很戒慎恐懼，不要失去他們漫長而艱新所建立的價值觀，包括新聞自由，宗教自由和政治自由和多黨選舉。隨著香港民主的失敗，台灣考慮統一之間的興趣下降。

中國必須更努力來吸引台灣，不能用威嚇（Attraction, not coercion）來爭取台灣人信任和認同。

原載於《台北時報》，二〇一四年三月二十六日。[1]

[1] http://www.taipeitimes.com/News/editorials/print/2014/03/26/2003586541

第二十九章

台灣自由選舉對世界的意義

即使近來內政混亂，大規模的經濟衰退，台灣遭逢了幾十年來最高的失業潮，民進黨仍然囊括了週六選舉的多數席位。這場勝利令新政府取得立法和行政優勢。民進黨的勝利，帶給國民黨和新黨重大的挫折，但是，也可能因此招致來自中國的激烈反應。

在近年來的幾次總統選舉中，台灣的選民從未忘記惱怒中國，每每投給中國所不滿意的國家領導人候選人。例如，前總統李登輝在一九九六年，儘管中國發射導彈時高票當選。在二〇〇〇年，儘管中國外長威脅台灣，如果選錯人，即將面臨所謂「嚴重的後果」，總統陳水扁順利當選。

中國在二〇〇一年十月在上海舉行的亞太經合組織會議，羞辱了台灣。在記者提問台灣名稱問題時，跋扈地回答「誰理你們」。這個羞辱，可能反而幫助了民進黨贏得了週六的大選。台灣選民已經多次，用選票來體現他們的台灣認同，拒絕被羞辱。

由這幾次經驗學到的教訓是：隨著台灣人民享受新聞自由，宗教自由，和多黨民主，台灣人民將不再容忍任何形式的威脅，或任意羞辱。這些人民會投票贊成主張自由的人，以選票來慶祝他們得來不易的自由民主。

當與台灣打交道時，建議中國依循文明的基本道理，以避免將來更多的失算。文明禮貌可以作為相互信任的基礎，才有可能談進一步交流。

原載於《台北時報》，二〇〇一年四月十二日。[1]

[1] http://www.taipeitimes.com/News/editorials/archives/2001/12/04/114336

代跋

許虹文

龍生九子，子子不同，我和弟弟就是最好的例子。

爸爸是個嚴厲的父親，我們非常怕他。小時候每次賴床，只要阿嬤說：「你爸來了」我們一定馬上起床。習慣了「狼來了」的技倆，我們開始放鬆戒心繼續蒙頭大睡，直到有一天「狼」真的來了，爸爸出現在床頭前，把在被裡窩睡的正暖和的我們抓起來，處罰是一定免不了，因為我們偷懶又惹阿嬤生氣。我是個守規矩的小孩，爸爸說站三十分鐘，我絕不會只站二十九分五十九秒。弟弟則不同，三分鐘後他要尿尿，五分鐘後肚子痛，十分鐘後人就不見了。

身為家裡唯一的男孩，受寵是自然的，我也習慣了他的不同，也許他小小的身體裡流著澎湃的血液，天真的外表有著不安定的靈魂。像是每天上下學的路徑，我總是走同一條路，弟弟卻愛嘗試不同的巷道，我帶他上學也由著他走著，在一成不變的生活有些不同的新鮮和驚喜。媽媽因為我的聽話，說服了我放棄念大學的念頭，因為家裡無法供兩個小孩上大學。我只好放棄升學之路，念高職畢業後找工作。而我愛冒險犯難的弟弟，在大學窄門前一路跌跌撞撞，撞出了國門遠渡重洋來到了美國。

守本分的我懷著不可實現的大學夢自怨自艾，直到九二一地震的那一年，也許天災人禍使父親對人生有了不同的領略。爸爸對回台灣度假的弟弟說，把姐姐接去美國吧。有了爸爸的「放聲」，我心中大學夢的小火苗又再度燃起，可是高職畢業的我英文實在有限，考托福是沒錢沒閒，弟弟意外找到了一所社區大學免托福入學可發學生簽證，我拿著I-20（美國國際學生入學文件）到在台協會辦簽證，聽說單身女性很難給簽證，總是要硬著頭皮一試。面試官問我，去美國做什麼，我回答上大學。他又問台灣大學那麼多為什麼又到美國，我答因為想學道地英文。就這樣，我拿到了簽證，帶著兩件行李，一張單程機票和六百美金，二〇〇一年三月五日，我踏上美國這片未曾在夢中出現的土地。

那一年，我三十五歲，開始了我大學新鮮人的生活。也展開了我在台灣時，我這年紀幾乎不可能開始的夢想。從入學考試看不懂題目在哪，閱讀全部寫B，寫作全部寫C，每學期拿四到五個課包括暑假，四年拼完大學。我沒有預期自己在美國的旅程能走多久，只是努力一步一腳印的往前走。

畢了業找到工作再一步步往上爬，現在在一家復健中心當主計長，因為爸爸的嚴格訓練，我到現在每日早上五點半起床，七點出發到公司，生活規律，即使假日也不致脫序。

我的英文還是十年如一日，中文卻是一日不如一日。我的美國夢繼續延伸——走遍美國五十州，現在已經完成了十四州。

*

轉眼已屆知天命之年，從小媽媽時常叮嚀我要照顧弟弟相互扶持，來美國後發現弟弟已不是我記憶中的那個會穿我第一天上小學時穿新的裙子，扭屁股跳舞的的小弟弟。而是帶引我來美國，辦好大學入學手續，幫我繳學費，買校服的儼然大學教授。我忘了這麼多年弟弟隻身在異鄉奮鬥時早已習慣獨立堅強。唯一沒變的是他不按牌理出牌的個性，在美國當了十年教書匠，毅然辭去六位數年薪的全職教授，瀟灑揮揮衣袖，轉為全職學生兼職教授，換跑道由醫學界到法律，回台灣參加學運拍記錄片。現回台灣教書兼陪老爸，又想出書硬逼著我寫這篇文章，不知道下回又有什麼出頭！

老弟，歇歇腳喘口氣吧，台灣的好山好水在等著你呢！

於美國德州聖安東尼市

幼年時的作者許介文與姐姐許虹文

後記

祖國，我回來了。
回家，真好！

我的學術研究主題之一是流行病的時空分析。這個學門試著解釋事件在某時空特定點出現的意義。個人也相信，人生在時空交錯間，在每一個時間空間的定點出現，一定有他的意義。

感謝豐富我在台美兩個社會淬礪生活歷練的天使，在書裡呈現，讓我能分享一個身兼作者，藝術工作者，以及教師的經驗。也讓我深感，回國這一年，離自己未來想要的生活，越來越近。

完成這本著作費時三年，有些難度頗高的挑戰。這本書大部分的作品是在加州灣區，面對太平洋濱的好山好水完成的。很多時候，要獨自對著電腦螢幕喃喃自語，也要重新嘗試提取，已經還給國文老師的華語文。還好，這些孤獨和耐心是值得的。時時鼓勵自己勿忘初衷，心繫一群和我有類似經驗的魯蛇與退伍軍人學生，未來分享的讀者成為背後支持的願力念力，幫我走過這個過程，完成這個分享的心願。

也感謝秀威出版本書，以及編輯佑驊、執編仕翰不吝給如我新作者的耐心指導。許多直接或間接促成此書完成的貴人，為此書點亮光，Lisa Chien, Derling Chen, Jerry Miller, Melody Duke，以及我在ＩＭＢＡ班的學生，也一併致謝。

在旅美期間，經常有人詢問在美國的生活經驗，如學習英文、面對國際社會、向國際友人介紹台灣、處理困境、做研究、社會服務參與表達不同意見、台灣民主等等問題，我個人的觀察都在這本書裡分享供參考。教育工作者是公共財，所受的教育及歷練，取之於社會，用之於社會。有機會發揮大眾教育的功能，是義務也是責任。找尋台灣之光，一點即亮。

完成這本書是有所私心的。本書的一些章節是寫給我未來子女的家書。人生球賽來到後半場，膝下猶虛，也坦然接受這樣人生境遇的安排。選擇長年棲身異鄉，追求事業、自由；或養育子女、感受親情，忠孝不能兩全。此事古難全，只好移孝作忠。如果我在日後有了子女，在我有生之年，也許沒法等到他們成長到像我現在這個年紀，與其促膝長談，跟他們分享這個階段人生的經驗。

藉由這本書也可以和晚輩們對話，分享一些沒辦法親口聊的人生經驗，提供一些正面、向上的力量。

回到故鄉，每天也都在適應回來後的生活。但是慢慢了解，有機會來打燈，點亮台灣。於是，藉著此書順利付梓，幫助讀者、及我的學生們；也許這為我回到家鄉的生命功課（chosen missionary assignment），增加一個深層的意義。

Do觀點52　PE0121

可恥但有救：

讓魯蛇閃閃發光的轉型大補帖

作　　者／許介文
責任編輯／洪仕翰
圖文排版／周妤靜
封面設計／葉力安

出版策劃／獨立作家
發 行 人／宋政坤
法律顧問／毛國樑　律師
製作發行／秀威資訊科技股份有限公司
地址：114 台北市內湖區瑞光路76巷65號1樓
電話：+886-2-2796-3638　傳真：+886-2-2796-1377
服務信箱：service@showwe.com.tw
展售門市／國家書店【松江門市】
地址：104 台北市中山區松江路209號1樓
電話：+886-2-2518-0207　傳真：+886-2-2518-0778
網路訂購／秀威網路書店：https://store.showwe.tw
國家網路書店：https://www.govbooks.com.tw

出版日期／2017年3月　BOD一版　**定價**／300元

獨立作家
Independent Author
寫自己的故事，唱自己的歌

可恥但有救: 讓魯蛇閃閃發光的轉型大補帖 / 許介文著. -- 一版. -- 臺北市 : 獨立作家, 2017.03
面 ;　公分. -- (Do觀點 ; 52)
BOD版
ISBN 978-986-94308-0-7(平裝)

1. 言論集

078　　106000081

國家圖書館出版品預行編目

讀者回函卡

感謝您購買本書，為提升服務品質，請填妥以下資料，將讀者回函卡直接寄回或傳真本公司，收到您的寶貴意見後，我們會收藏記錄及檢討，謝謝！

如您需要了解本公司最新出版書目、購書優惠或企劃活動，歡迎您上網查詢或下載相關資料：http:// www.showwe.com.tw

您購買的書名：＿＿＿＿＿＿＿＿＿＿＿＿＿＿＿＿＿＿＿＿

出生日期：＿＿＿＿年＿＿＿＿月＿＿＿＿日

學歷：□高中（含）以下　□大專　□研究所（含）以上

職業：□製造業　□金融業　□資訊業　□軍警　□傳播業　□自由業

□服務業　□公務員　□教職　□學生　□家管　□其它＿＿

購書地點：□網路書店　□實體書店　□書展　□郵購　□贈閱　□其他

您從何得知本書的消息？

□網路書店　□實體書店　□網路搜尋　□電子報　□書訊　□雜誌

□傳播媒體　□親友推薦　□網站推薦　□部落格　□其他＿＿＿＿

您對本書的評價：（請填代號　1.非常滿意　2.滿意　3.尚可　4.再改進）

封面設計＿＿　版面編排＿＿　內容＿＿　文／譯筆＿＿　價格＿＿

讀完書後您覺得：

□很有收穫　□有收穫　□收穫不多　□沒收穫

對我們的建議：＿＿＿＿＿＿＿＿＿＿＿＿＿＿＿＿＿＿＿＿

請貼
郵票

11466
台北市內湖區瑞光路 76 巷 65 號 1 樓
獨立作家讀者服務部 收

（請沿線對折寄回，謝謝！）

姓　　名：＿＿＿＿＿＿＿＿ 年齡：＿＿＿＿ 性別：□女　□男

郵遞區號：□□□□□

地　　址：＿＿＿＿＿＿＿＿＿＿＿＿＿＿＿＿

聯絡電話：（日）＿＿＿＿＿＿＿＿（夜）＿＿＿＿＿＿＿＿

E-mail：＿＿＿＿＿＿＿＿＿＿＿＿＿＿＿＿